KB001196

100일 아침 습관의 기적

100일
아침 습관의 기적

최고의 나를 만나는 하루 20분의 약속

The Miracles
of
Golden Morning

켈리 최 지음

다산북스

> "
>
> 수천 억 부자가 되면서 배웠다.
> 더 오래 일할 때보다
> 더 일찍 시작할 때
> 더 많이 성취할 수 있고,
> 인생도 더 풍요로워진다.
>
> "

당신의 아침에 부와 성공을 끌어당겨 줄

모닝 시크릿의 기적!

✦

우리 몸의 모든 세포가 다시 태어나는 시간

100일

당신이 원하는 좋은 습관을
잠재의식에 깊이 뿌리내리게 한다.

✦

당신의 영혼·정신·육체를 깨우는 결정적 시간

20분

잠재의식이 활발한 아침 시간은
인생을 황금으로 바꾸는 골든 모닝이다.

*20*Min.

모닝 시크릿 루틴

---

*3*Min.

시각화
오늘을 가장 완벽하게 보내는 모습을 구체적으로 상상한다.
잠재의식을 내 편으로 만드는 가장 강력한 방법이다.

---

*3*Min.

확언
당신의 목표가 잠재의식에 타투처럼 새겨지도록 소리 내어 말한다.
진실한 말로 잠재의식을 진정성 있게 설득하라.

---

*1*Min.

명언 필사
성공자들의 인생 철칙을 손으로 쓰며 잠재의식에 내 의지를 관철한다.
인생의 고비마다 나침판처럼 꺼내 쓰는 자산이다.

---

*3*Min.

독서
분야와 목록, 분량을 정해 계획적으로 읽는다. 책을 읽는 한
어제와 똑같은 사람은 없다. 읽는 것만으로도 확언의 효과가 있다.

---

*10*Min.

운동
몸과 마음이 균형을 이루도록 돕는다. 몸 근육이 생각 근육을
만들고, 믿음은 현실이 된다.

새로운 아침,
당신은
어떻게
살 것인가

나는 매일 새벽, 종종걸음으로 고개를 넘는 유일한 어린
여자였다. 미아리고개에 우뚝 솟은 산 위로 떠오르는
해는 거대한 도시를 깨우는 소리 없는 자명종이었다.
어스름하게 날이 밝아오면 성북구의 한 동네도 긴 잠에서
깨어나 기지개를 켰다.

열여덟, 공장 기숙사를 나와 난생처음 자취를 시작했다.
성신여대 앞 거리가 내려다보이는 옥탑방이었다. 서울에
상경하고 2년 만에 독립하기까지, 나는 서울이 대도시라는
것을 온전히 체감할 기회가 없었다. 공장이 있던 답십리
근처를 벗어나 본 적이 없었기 때문이다. 다람쥐 쳇바퀴

돌 듯 공장과 야간학교, 기숙사를 오갔다. 그렇다고 서울
사람을 전혀 경험하지 못한 건 아니었다. 가끔 생필품을
사려고 슈퍼에 갈 때면 인근의 고등학생들이 나와
동료들을 보며 수군거렸다.

"야, 공순이 지나간다."

'공순이'라는 단어가 딱히 부끄럽거나 비참하지는 않았다.
공장에서 일할 기회를 얻은 것 자체가 행운이었으니까.
하루 살기에 바빴고, 공부할 수 있다는 것에 감사했다.
그런데도 또래 학생들이 조롱 섞인 야유를 보낼 때면
정말이지 땅으로 꺼지고 싶었다.

자취를 시작하고, 새로운 공장에 취직하면서 답십리를
벗어났다. 익숙한 동네를 벗어나자 아무도 나를 공순이로
보지 않았다. 그게 참 좋았다. 서울시 성북구 돈암동
성신여대 일대는 1980년대 초반부터 의류점, 다방,
음식점 등이 들어서며 상권이 갖춰졌다. 주택을 개조해

만든 허름한 가게들은 주변 풍경과 모나지 않게 조화를
이루었다.

꾸미기를 좋아하는 나는 동네 옷가게에서 가끔 좋은 옷을
사기도 했다. 함부로 보이고 싶지 않았고, 화려한 옷으로
가난을 감추고 싶었다. 새로 산 옷을 입고 시내로 나가면
사람들의 시선이 일제히 나를 향했다. 키가 크고 비쩍 말라
모델이냐는 질문도 심심치 않게 받았다. 그렇다고 새로운
자취 생활이 마냥 신나는 건 아니었다. 매일 성신여대 앞을
오가는 여대생들은 하나같이 구김살이 없고 해맑았다.
한껏 예쁘게 꾸미고 장밋빛 미래를 꿈꾸며 등교하는
그들을 보면 가슴 한쪽에 싸늘한 통증이 느껴졌다.

'저 언니들은 멋있게 차려입고 학교에 가는데, 왜 나는 허리도
한번 펴기 어려운 공장에서 바느질해야 하는 거지?'

나는 여대생들이 너무 부러웠다. 저 언니들은 도대체 뭘
잘했길래 부모님이 학교를 보내주고, 나는 뭘 잘못했길래
공순이로 사는지. 그들과 나는 뭐가 다른지, 어떻게 해야

나와 가족들 그리고 훗날 자녀들의 안정된 삶을 보장할 수
있을지. 폭설에 불어나는 눈덩이처럼 성공에 대한 집착도
순식간에 불어났다.

단순 공장직에 머물지 않으려면 비전이 필요했다. 옷을
좋아해서 자연스럽게 디자이너라는 직업에 관심이 쏠렸다.
큰 스케치북을 말아서 어깨에 메고 넓은 도화지 가방을
든 채 명동을 걷노라면 내가 여공이 아니라 트렌드를
쥐락펴락하는 전문직 여성이 된 것 같았다. 돌이켜보면
열여덟 소녀다운 허세였다. 물론 꿈이 생겼을지라도
그때의 나는 여전히 야간 산업체부설학교에 다니는
가난한 여공이었다. 그런데 스케치북을 든 것만으로 세상
사람들의 시선이 달라졌고, 내 마음가짐이 달라졌다.
처음으로 타인의 삶이 궁금했다. 남들은 어떻게 살까?
남들은 나와, 우리 여공들과 무엇이 얼마나 다를까?
여공들에게는 선택의 여지가 없었다. 각기 가정은
다르지만 형편은 같았던 우리는 고등학교에 진학할 수
없었고, 그렇지만 공부를 포기하고 싶지 않았고, 그래서
야간고등학교에 보내주는 공장으로 왔다. 하나밖에 없는

답은 선택이 아니다. 그 시절의 내가 행복했던 이유는
처음으로 디자이너라는 꿈을 품어서만은 아니었다. 선택의
여지가 없었던 인생 앞에 처음으로 다양한 선택지가 놓여
있었다. 나는 그중 디자인을 선택했고, 그 직업을 선택하는
사이 마주친 세상에서 또 다른 선택도 얼마든지 있다는
것을 깨달았다. 나에게 기쁨을 준 것은 선택의 자유였다.

꿈은 원대했지만 몸은 여전히 공장에 매여 있었다.
고생스러운 시간이었다. 하지만 없는 돈을 그러모아
시골집에 생활비를 보내면 그렇게 뿌듯할 수가 없었다.
가족의 행복을 위해 나만 고생하면 된다고 생각했고,
실제로 나만 고생하는 줄 알았다. 그런데 알고 보니 나보다
세 살 어린 여동생도 어느새 인생의 풍파 속에 놓여 있었다.
동생은 중학교 졸업장을 채 받기도 전에 대전의 한 실
공장에 취직한 참이었다. 누구나 휴대전화를 쥐고 사는
지금은 상상하기 어렵지만, 그때는 전화기가 있는 집이
흔치 않았던 터라 가족 소식은 편지로 주고받았고 동생의
신변 변화를 뒤늦게 전해 들을 수밖에 없었다.

육 남매 중 막내로 태어난 동생은 우리 집의 보물이었다.
잘 먹고 잘 입지는 못했어도 내리사랑으로 귀여움을
독차지했다. 그런데 내게 여동생은 그냥 동생이 아니었다.
세 살 차이밖에 나지 않았지만 나는 동생을 딸처럼 아끼고
보살폈다. 내 밑으로 남동생이 태어났지만, 100일이 채
되기도 전에 이 세상과의 인연이 끝나고 말았던 적이
있었다. 엄마는 비통함에 무너졌고, 몇 해가 지나도 슬피
울던 엄마의 얼굴을 지금도 잊지 못한다. 엄마는 전에도 내
오빠, 그러니까 아들을 잃은 적이 있었다. 영양실조였다.
나는 이 아이가 또 어느 날 갑자기 죽어버릴까 봐, 한시도
눈을 뗄 수가 없었다. 눈물이 다 말라버린 엄마가 슬픔에
바스라질 것 같아서였다.
게다가 엄마는 아픈 아버지를 대신해서 새벽부터
해 질 녘까지 일을 다녀야 했다. 동생이 죽으면 오로지
내 책임이라는 생각이 들었다. 정말 이 동생만큼은 죽게
해서는 안 된다고 다짐했다.
하지만 내 어린 마음의 깊은 곳에는 더 큰 구멍이 있었다.
엄마는 나름 부잣집 막내딸로 태어났는데 겨우 열세 살에

자기보다 어린 시동생들이 줄줄이 딸린 몹시 가난한 집으로
시집을 왔다. 내가 태어나기 전의 일인데, 엄마가 말도 안 되게
고생하는 걸 알게 된 외갓집 형제들이 엄마를 찾아왔다고 한다.
그렇게 엄마는 형제들의 손에 붙들려 친정으로 끌려가다시피
한 적이 있었다. 물론 엄마는 남겨둔 자식들이 눈에 밟혀 결국
형제들 몰래 우리 집으로 돌아왔지만, 나는 엄마가 언제든
우리를 버리고 도망갈 수 있다는 불안에 시달렸다. 특히 하나
남은 여동생까지 죽어버리면 엄마가 반드시 떠날 거라고 거의
확신했던 것 같다.

당시 우리 집에는 먹을 것은커녕 아기가 관심을 보일
만한 놀잇감도 없고 그야말로 아무것도 없던지라, 동생은
온종일 집 앞 마당부터 해서 논두렁과 시골길 등 온 동네를
누비고 다녔다. 돌이켜 보면 그게 그 아이의 유일한
놀이였다. 나는 작고 연약한 동생이 쥐면 꺼질까 불면
날아갈까 조마조마하여 온종일 그 애를 뒤쫓아 다녔다.
동생이 길바닥에서 잠들면 나도 그 애 옷자락을 붙잡고
옆에서 잠을 잤고, 바닥에 떨어진 곡식을 주워 먹으면 나도

따라 먹었다.

그렇게 온종일 쏘다니며 우리는 엄마를 기다렸다.

엄마 얼굴을 보지 못하고 잠들 때도 많았지만, 엄마가
과수원에 품앗이하러 나간 날은 잠을 쫓아가며 엄마를
기다렸다. 아직 어려 엄마 품이 한없이 그립기도 했지만,
엄마가 과수원에서 받아오는 귀하고 달콤한 간식이
기대되어서였다.

엄마는 새참으로 나온 단팥빵을 늘 먹지 않고 손수건에
싸서 가지고 오셨다. 그러고는 어미 없는 둥지에서 입을
쩍 벌리고 먹이를 기다리는 제비 새끼 같은 우리 입에 엄마
몫의 새참을 넣어주셨다. 깡촌에서 쉽게 먹을 수 없는
달콤한 디저트를 한 입 크게 베어 물 때면 세상 누구도
부럽지 않을 만큼 행복했다. 천지 분간 못 할 시절에 아무
생각 없이 넙죽 받아먹은 단팥빵은 엄마의 고단한 노동의
대가 중 하나였다. 보드라운 빵과 달콤한 팥앙금의 맛은
엄마의 희생과 맞바꾼 사치스러운 행복이었다.

동생이 취직하고 얼마 지나지 않아 올케언니가 엄마를

모시고 대전으로 갔다. 연고 하나 없는 낯설고 물선 땅을
헤매다 물어물어 겨우 동생이 있는 곳을 찾았다. 동생이
다닌다는 실 공장은 3교대 공장이었다. 경험하지 못한
이들은 공감하기 어렵겠지만 공장 3교대는 말도 못 하게
힘들다. 업무 강도도 문제지만, 무엇보다 밤낮이 뒤섞여
생활 리듬이 망가지고 몸이 쉽게 상한다. 아니나 다를까,
발그레한 양 볼에 생기가 넘치던 동생은 차마 보기
어려울 정도로 꼴이 말이 아니어서 전혀 다른 사람처럼
보였다. 손가락은 물론 온몸이 퉁퉁 붓고 눈은 빨갛게
충혈되고 얼굴은 누렇게 떠 있었다. 잠을 못 자고 밤낮없이
일해서였다. 균형 잡힌 식사나 운동조차 하지 못했다.
엄마는 막내딸의 상한 몸을 보고 억장이 무너져 그대로
주저앉아 한참을 울었다고 한다.

얘기를 전해 들은 나는 도저히 가만히 있을 수 없었다.
동생을 데려와서 보살펴야 한다는 모성애 같은 것이
발동되었다. 형편이 빠듯한 언니 오빠보다는 낫겠다
싶었다. 심지어 동생은 3교대 공장이라 고등학교도 못

다니고 있었다. 그건 정말 안 될 말이었다. 되풀이되는
가난의 악순환을 절감하고 나니, 거대한 슬픔이 밀려들어
왔다. 나 혼자 고생하는 것도 힘든데 사랑하는 동생까지
그렇다고 하니까 우리가 왜 태어났는지 모르겠다는
생각이 들었다. 많은 걸 원하는 게 아니라 엄마 가까이에서
고등학교에 다니고, 굶지 않고 라면만 먹어도 더 바랄 것이
없겠는데 행복의 길은 요원하기만 했다.

나도 상황이 어려웠지만 앞뒤 가릴 것 없이 무작정 동생을
내 옥탑방으로 데려왔다. 동생은 곧 신당동에 있는 공장에
취직했다. 사장님의 호의로 학교에 보내주는 곳이었다.
자리가 확정되고 나와 동생은 한시름 걱정을 덜었지만,
문제는 동생의 출근길이었다. 나나 동생이나 서울 지리를
잘 모르는데 내가 동생을 공장까지 바래다주어야 했다.
연차는커녕 지각도 용납되지 않던 시절이었다. 나는
8시까지 어떻게든 공장에 출근해야 했고 야간학교를
마치고 귀가하면 밤 10시가 넘었으므로 출근길
예행연습이 녹록지 않았다. 주말이 껴 있으면 그나마
나았을 텐데, 급하게 자리가 난 탓에 서울 상경하기가

무섭게 출근하는 일정이었다. 옥탑방이 있는 성신여대에서 신당동까지는 지하철을 갈아타야 했다. 동생의 정식 출근 전날, 예행연습을 위해 평소보다 두 시간 일찍 일어났다. 해 뜨기 한참 전이라 눈도 못 뜨는 동생을 어르며 말했다.

"내일부터는 너 혼자 가야 하니까, 오늘 언니랑 같이 가보자."

동생은 겁을 잔뜩 먹은 눈치였다. 서울의 대중교통에 익숙할 리 없는 건 나도 마찬가지였다. 동생에게 지하철 환승역을 지나 공장까지 가는 길을 몇 차례 알려주었으나 동생이 연신 고개만 끄덕여 진짜 알아들은 건지 알 수가 없었다. 신당역에 내려서 공장까지 걸어가는 길을 꼼꼼하게 살피고, 공장을 운영하시는 사장님 부부에게도 곱게 인사하고 돌아왔다. 그리고 다음 날이 밝았다.

"언니, 나 도저히 혼자 못 가겠어. 제발 데려다줘."

새벽에 일어나서 부랴부랴 갈아타는 곳까지 데려다주었는데,
동생이 막무가내로 울면서 매달렸다. 단지 길을 잃을까
봐서가 아니었을 것이다. 세상이 무서웠을 것이다. 서울에는
한 번 와본 적도 없고 고등학교 근처에도 가보지 못한 채
세상 물정이라고는 하나도 모르는 자신이 너무나 무기력하고
한없이 나약하다고 여겨졌을 것이다.

"이거 놔! 언니도 빨리 가봐야 한다고! 늦으면 혼나고 벌을
받는단 말이야! 어제 한 번 가봤잖아. 빨리 가!"

마음 같아서는 그길로 동생을 데려다주고 싶었다.
길을 잃지는 않을까. 제대로 찾아갈까. 남동생처럼 갑자기
이 세상을 떠나거나 어디론가 사라져버리지는 않을까. 별의별
무서운 생각이 들었다.
하지만 나는 동생의 두려움의 냄새를 얼핏 같이 맡으면서도
동생의 등을 떠밀며 매몰차게 말했다. 동생이 낯선 도시에서
미아가 되진 않을까, 이 험한 세상에서 살아남을 수 있을까
하는 두려운 마음을 그렇게 애써 밀어내려고 했는지도

모른다. 속수무책이었던 어린 자매는 지하철 역사에서 서로를
부둥켜안고 울었다.

젖내 나는 어린 동생의 옷자락을 붙잡고 산이며 들이며
쫓아다니던 예전 기억이 순간 내 머릿속을 스쳤다. 그리고
엄마. 시골에 계신 엄마의 울듯 말듯 한 주름진 얼굴이 가슴에
사무쳤다. 동생의 통통 부은 손과 누렇게 뜬 얼굴을 보고 그
자리에서 무너져 울었던 엄마가 지금 우리 자매를 지켜봐야
했다면 어땠을까. 엄마는 왜 자기 가슴이 문드러지는 줄도
모르고 우리를 끝끝내 버리지 않았을까. 가슴이 찢어졌다.

'왜 이렇게 살아야 할까?'

공장에 출근하기 위해 어쩔 수 없이 돌아오는 길, 찢어진
가슴에서 피눈물이 났다. 분했다. 지하철 역사에서
지상으로 올라왔을 때는 날이 완연히 밝아 있었다.
등교하는 여대생들이 하나둘씩 지나쳐 갔다. 남들 다
가는 대학인데 왜 우린 갈 수 없나. 그때 나는 비록 내가
못 가더라도 내 동생만큼은 고등학교는 물론 대학까지

보내겠다고 맹세했다. 동생이 멋지게 차려입고 등교하는 모습을 보고 싶고, 내 손으로 그렇게 만들어주고 싶다는 열망이 간절했다. 폭풍 같은 감정이 거세질수록 성공을 향한 투지에 날이 섰다. 이대로 운명에 질 수 없었다. 정말 최고가 될 거라고, 진짜 성공하고 말 거라고, 어마어마한 부자가 될 거라고 이를 악물었다.

동생이 출근한 그날은 긴장이 풀리지 않아 솜털까지 곤두서 있었다. 동생이 무사히 공장에 도착해서 일을 잘 마치고 지나왔던 길을 되짚어 옥탑방으로 돌아왔을까. 새벽부터 저녁까지 연락이 닿지 않는 동안 동생이 무사하기를 간절히 빌었다.

수십 년이 지난 지금도 그날을 생각하면 가슴이 미어진다.

가여운 동생을 더 나은 환경에서 살게 해주고 싶었고, 그 덕분에 매분 매초 성공하고 싶었다. 시간이 마치 잠글 수 없는 수도꼭지 사이로 끊임없이 쏟아져 나오는 물처럼 귀하고 아까웠다. 흐르는 시간을 박제하고 싶어질 정도로 안타까웠다. 그 귀한 시간을 아껴 쓰려면 계획을 철저히 세워야 했다. 그리고 매분 매초가 허투루 낭비되는 일 없이 모조리 내가 성장하는 데 끌어당겨 써야 했다.

그렇게 매분 매초를 간절하게 시간을 의식하며 살다 보니 아침만큼 좋은 성장과 행복의 시간은 없다는 사실을 발견했다. 당신에게는 '매분 매초'라는 말이 어떤 의미인지 묻고 싶다. 사람들은 10분, 20분처럼 짧은 시간을 하찮게 생각한다. 하지만 한 번의 큰 이벤트로 성공한 사람은 없다. 별것 아닌 것 같은 10분, 20분의 실천을 끈기 있게 지속할 때 성공이 찾아온다. 특히 아침 시간은 내 인생에서 좀처럼 사라지지 않던 지난한 가난의 악순환을 끊고 수많은 성공 기회에 올라타는 교두보가 되었다. 수천억 부자가 되면서 배웠다. 더 오래 일할 때보다 더 일찍 시작할 때 더 많이 성취할 수 있고, 인생도 더 풍요로워진다.

당신에게도 사랑하는 사람이 있는가? 당신 자신을 위해서가 아니어도 좋다. 아니, 오히려 나를 위해서 노력하다가 안 되면 금세 그만두고 무너지지만, 정말 사랑하는 사람을 위해서는 무엇이든 더 잘 참고 오래 할

수 있는 법이다. 성공으로 가는 길에는 비굴함을 견뎌야
할 때가 있기 마련인데, 그 지점까지도 넘어설 수 있다.
그러니 당신도 사랑하는 사람을 위해 한번 크게 마음먹고
지금까지 살아온 방식을 완전히 바꿔보면 어떤가.
사랑하는 사람에게 최고의 인생을 선물하는 것을 목표로
삼아보라. 나만이 아니라 타인의 안녕을 위해 결단하고
당신의 삶을 바꿔보라. 켈리가 해냈다면 나도 할 수 있다고
결단하고 선언하라. 나는 당신의 꿈을 내 꿈처럼 간절히
응원한다. 뱃속 저 아래에서부터 진심을 다해 응원한다.
당신의 마음이 열려서 이 책의 내용을 씹어 먹겠다는 식으로
생각이 바뀌고 감정이 바뀌길 바란다. 이번에야말로 당신의
진짜 성장을 보고 싶다.

간절함의 불씨를 함부로 꺼뜨리지 마라.
언제든 다시 타오를 영원한 화력으로 삼아라.
당신만의 위대한 해 뜰 날이 반드시 온다.
지금 뜨겁게 결단하라.

아무것도 변하지 않으려면
모든 것이 변해야 한다

맥도날드와 어코드의 CEO직에서 물러난 뒤, 나는 내 커리어의 지평을 더 넓히기 위해 10여 개 기업의 이사나 회장을 역임하고 있고, 대형 투자회사를 설립하기도 했다. 직함은 매번 바뀌었지만 새로운 시장 트렌드와 소비 패턴을 고려해 브랜드를 개발하고 육성하는 것이 내 주된 관심사다. 나는 지원과 가르침을 제공하는 일에 큰 만족감을 느낀다. 30년 이상 업계에서 일해온 나는 열정적인 기업가들과 우수한 브랜드에 재정적 지원과 전략적 조언을 제공하는 데 전념해 왔다. 이는 지속 가능한 성장을 촉진하는 데 중요한 역할을 한다고 생각하기 때문이다.

여러 기업에 자문하는 위치에 있다 보니, 시장과 소비자의 변화에 민감할 수밖에 없다. 지금은 당연한 말이 되었지만, 기업은 급변하는 사회와 시장의 역동성에 민첩하게 대응해야 한다. 지속적인 개발과 혁신이 없으면 생존이 불투명해진다. 미래를 확보하기 위해서는 변화가 필수다.

여기서 우리가 종종 간과하는 점이 있다. '변하지 않는 것'의 중요성이다. 기업의 수장들이 모든 것을 바꾸겠다는 과감함을 내세우는 이유는 절대로 바꿀 수 없는 '가치'를 지키기 위함이다. 이 가치는 회사와 리더를 이끄는 철학, 신념, 비전을 포함한다. 이러한 토대를 지키겠다는 간절함이 큰 사업가일수록 변화를 예측하고 주도하며 시장을 선도한다. 켈리와 같이 확고한 의지와 성공을 위해 끊임없는 추진력을 구현하는 리더에게는 변화하는 시장 상황에 빠르게 적용하는 것이 지속 가능한 성장의 열쇠다. 나는 켈리를 비롯한 도전적 리더들의 신념을 오래도록 지켜주기 위해 그들의 변화와 혁신을 돕고 있다.

이런 맥락에서 켈리의 이번 책은 내게 깊은 영감을 주었다. 켈리를 가까이에서 지켜본 사람이라면 누구나 그녀의 결단력과 추진력에 감탄하는 것이 당연하다. 그런데 그녀가 어떤 역경 앞에서도 포기할 수 없었던 자신의 꿈과 사랑하는 사람들을 지키기 위해 자기 인생 전부를 바꾼 이야기는 그 어느 때보다 그녀에게 경외심을 갖게 했다.

한때 지역 기반 기업체의 사장이었던 켈리는 이제 세계적인 인플루언서로 활동하고 있다. 그녀의 여정은 수많은 이에게 성장의 강력한 메시지를 전하고 있다. 특히 이 책 『100일 아침 습관의 기적』에서 변하지 않는 가치를 지키려면 모든 것을 바꾸어야 한다고 말한다. 관록이 묻어나는 빼어난 통찰이다. 이는 이탈리아의 루키노 비스콘티Luchino Visconti 감독이 자신의 영화 〈레오파드〉(1963)에서 전하려 했던 메시지와도 통한다.

즉, 아무것도 변하지 않으려면 모든 것이 변해야 한다.

이 진실은 60년 세월을 뛰어넘어 오늘날에 더욱 절절하게 와닿는다.

내 주변에도 경제적으로 혹은 갖가지 이유로 고통받고 삶의 목적을 잃은 분이 많다. 그들은 누구보다 변화를 갈망할 것이다. 진심으로 삶의 변화를 열망한다면, 왜 변화하고 싶은지 자신에게 먼저 묻고 대화해야 한다. 켈리가 그랬던 것처럼 말이다. 그것이 모든 변화에 앞서 당신이 지켜야 할 한 가지다. 그것은 우리 존재의 본질이며, 더 높은 힘이 주는 선물이자, 우리가 모두 지켜야 할 보물이다. 또한 우리의 진정한 열망과 꿈을 발견하고 육성하기 위해서는 변화를 진심으로 수용하려는 의지가 필요하다. 이는 곧 자신의 진정한 목표와 꿈을 지키기 위해 모든 것을 바꾸겠다는 결의다. 그리고 무엇보다 반드시 행동해야 한다.

　마지막으로, 켈리와 그녀의 책이 내 인생에 미친 엄청난 영향에 감사한다. 나는 켈리와 이 책이 우리 각자의 인생 여정에서 흔들리지 않는 협력자가 되어줄 것임을 확신한다. 시작이 반드시 거창할 필요는 없다. 아주 작게 출발해도 된다. 나 역시 수많은 성공자들처럼 몇 가지 아침 루틴을 꾸준히 실천하고 있다. 두려워서 혹은 무기력해서 지금 삶에 안주한다면 세상과 시간은 당신을 지나칠 것이고 뒤처지게 할 것이다.

　성장하고 싶다면 모든 것이 변해야 한다. 그것이 결국 진화의 본질이다. 이제 우리는 켈리와 함께 변화를 받아들이고 자신의 진정한 목적을 끊임없이 추구해 나갈 것이다. 이 책은 변화와 성장의 방향타다. 당신이 지금 머물고 있는 자리보다 더 완벽한, 또 다른 자신만의 경지로 올라서기를 진심으로 응원한다.

드니 하네칸 Denis Hannequin

(전 유럽 맥도날드 CEO, 현 프렌치 푸드 캐피털 공동창업자)

나의 때는
매일 다시 뜨겁게 떠올랐다

"해 뜨기 전이 가장 어둡다."

까무스름한 어둠이 내리고 사방이 한층 더 고요해지자 나도 모르게 이런 말이 튀어나와 깜짝 놀랐다. 사랑하는 남편과 딸아이와 함께 세일링 요트를 타고 세계여행을 하던 때였다. 나는 잠든 가족을 대신해 밤이면 홀로 돛을 지켰다. 문명의 빛이 한 점도 스며들지 않은 밤바다의 한가운데서 나 혼자 있었지만, 조금도 두렵지 않았다. 세상의 끝에서 '평화'라는 추상적 단어가 우리 삶에 실재한다는 것을 피부로 체감할 수 있는 시간이었다.

황홀한 밤바다의 풍경에 넋을 빼앗긴 것도 잠시였다. 너울너울 출렁거리던 바다는 진통을 끝낸 산모처럼 평안을 찾은 모습으로 수평선을 따라 붉은색 띠를 둘렀다. 서서히 여명이 밝아왔다. 칠흑 같던 바다는 이내 검붉게 바뀌어 있었다. 대서양의 광대한 가슴팍 위로 마침내 갓 태어난 듯 말간 해가 들어 올려졌다.

황홀했다. 붉던 해가 황금빛을 쏟아냈다. 부챗살처럼 온 천지를 향해 뻗어 나가는 햇살이 만물의 심장을 꿰뚫어 다시 힘차게 고동치게 했다. 큰 바다의 수면 위, 가까이에서 보는 일출은 그야말로 장엄했다. 어둠이 모두 걷히고 사위가 완연히 밝자, 내 안은 평안으로 충만해졌다. 바다가 거대한 숨을 몰아쉬는 듯 햇살이 떠오른 바다 위로 큰바람이 불어왔다. 요트는 바람의 숨결을 따라 파도를 세차게 가르며 나아갔다.

내 인생의 결정적 장면 중 하나다. 삶의 변곡점이 된 그 장면들에는 거의 항상 동틀 무렵의 해가 있었다. 절정이었던 어둠이 꼬리를 감추고 사라지는 때이기도 했다.

내 인생은 마흔을 기점으로 다시 쓰였다. 마흔 즈음의 내게는 10억 원의 빚이 있었고, 잘나가던 사업체는 실패의 흔적만을 남기고 사라졌으며, 영원을 맹세한 친구와 동업자들은 내 곁을 떠났다. 모든 것이 덧없었다. 만성적인 불면증이 비관을 부채질했다. 쉬이 잠들지 못하게 하는 생각들은 매일 조금씩 영원한 잠, 죽음을 향해 뻗어나가고 있었다. 그렇게 또 하룻밤을 지새운 다음 날. 언제 해가 떠올랐는지 두꺼운 커튼 너머로 한 줄기 빛이 들이쳤다. 바닥 없는 삶에 빠져 신음조차 못 내던 파리의 이방인에게도 한 줄기 빛이 있어 캄캄한 어둠을 갈랐다.

창밖으로 나의 때가 다시 뜨겁게 타오르고 있었다.

만물을 키우는 어머니 대자연은 한없이 너그러웠다. 나는 쫄딱 망해서 바닥을 치고 있었고, 가진 게 아무것도 없었지만, 새 아침의 충만함을 느꼈다. 오히려 내 안을 채우고도 넘쳐흘렀다. 내가 다 쓰고도 남을 것이었다. 다시 시작할 수 있고, 오늘 안 되면 내일 또 할 수 있다는 믿음이 큰 위안으로 다가왔다. 그 아침에 인생의 관점을 바꿨다. 그저 나만을 위해 살던 삶을 버렸다.

돈도 명예도 더는 나를 위해 벌거나 좇지 않으리라 맹세했다. 그리고 내게 정말 소중한 사람들과 타인을 위해 살고자 마음먹으니 일이 풀렸다. 5년간 기적에 가까운 성과를 만들어냈다. 그 아침이 없었더라면 나는 지금 이 자리에 있었을까? 아마 유럽 13개국에 1400여 개 매장을 내고 연 매출 7000억 원을 기록하며 승승장구 중인 켈리델리를 창업하지도, 영국 유수의 매체가 선정한 세계의 부자 반열에도 들지 못했을 것이다. 그렇게 보면 내 인생을 바꾼 풍요의 생각 '웰씽킹'은 에너지가 충만한 아침 시간에 가장 깊게 뿌리내렸다.

대자연과의 조우 끝에 내 인생은 죽음을 기다리는 삶에서 아침을 기다리는 삶으로 바뀌었다. 수많은 성공자의 사례를 참고해 나만의 아침 루틴을 만들었고, 이를 퀼리델리 창업을 준비하는 2년 동안 하루도 빠짐없이 실행하며 흐트러진 삶을 정상화했다. 그날그날 성취할 과제를 수행하며 하루하루를 아껴 살았다. 시간은 여전히 빠르게 흘렀지만, 아침 루틴을 실행하니 더는 시간에 쫓기며 살지 않게되었다. 빠른 흐름 속에서도 시간을 충분히 만끽할 수 있었고, 시간 분배의 요령을 찾아 여유를 확보할 수 있었으며, 새로운 일에 기꺼이 도전하며 전례 없던 사업적 성과를 거둘 수 있었다.

누구에게나 아침은 찾아온다. 하지만 모두가 아침을 온전히 활용하는 것은 아니다. 이 책을 펼쳐 든 당신은 삶의 변화를 열망하고 있을 것이다. 변화를 원치 않았다면 이 책을 열어보지도 않았을 테니까. 잘 찾아왔다. 온 마음을 모아 삶의 변화를 꿈꾸는 당신을 환대한다. 열렬히 지지한다. 그리고 오늘이 디데이라고 결단하기 바란다. 당신이 결단할 때 비로소 의미 있는 오늘이 시작된다. 이 책은 변화를 꿈꾸는 당신을 위해 쓰였다.

나는 100일간의 아침 루틴을 통해 당신 삶의 철저한 변화를 촉구할 것이다. 단지 지식이나 정보를 전수하기 위해 이 책을 쓰진 않았다. 절망의 심연에서 행동하는 방법을 잃어버린 사람을 다시 일으켜 세우기 위해 전심을 다해 이 책을 썼다. 이 책의 진가는 오직 당신이 행동할 때 완성된다.

대체 어떻게 해야 변화할 수 있냐고? 걱정하지 마라. 이제부터 마흔 이후 내 삶을 일으킨 아침 루틴의 비결을 낱낱이 소개할 것이다. 이 루틴은 수백 명의 성공자 사례를 내 식대로 '씹어 먹듯' 소화해 완성한 것이다. 시행착오도 있었고, 부침도 있었다. 나는 내 삶을 실험대에 올려 이 루틴의 실효성을 증명했다.

사람에게는 육체와 정신과 영혼이 있다. 이 세 가지는 여타의 동물과 사람을 구분 짓는 속성이다. 세 가지 속성을 균형 있게 자극해 자신이 원하는 방향으로 움직이게 할 때, 드디어 온전히 삶이 바뀐다.

나는 매일 아침 20분간 실행하면 삶의 가장 크고 근본적인 변화를 촉진할 수 있는 강력한 루틴을 제안한다. 여기에는 영혼에 지혜와 행복과 평온함을 심기 위한 3분 시각화와 3분 확언, 정신에 지식과 성장을 심기 위한 1분 명언 필사와 3분 독서, 마지막으로 육체에 에너지와 건강을 심기 위한 10분 운동이 있다. 인간의 세 가지 속성을 조화롭게 발달시켜 잠재의식을 최대로 활용하기 위한 방법이다.

가장 어두운 때는 해 뜨기 직전이다. 철저한 절망에서 빠져나오려고 할 때나 막다른 길에서 방향을 틀려고 할 때는 늘 두려움이 동반한다. 돌이켜보면 내 인생의 새로운 시작에는 늘 공포에 가까운 두려움이 함께했다. 고등학교에 가려고 열여섯에 서울로 상경했을 때 너무 두려워 온몸이 오그라들었다. 패션을 배우고자 아는 사람 하나 없는 일본으로 혼자 유학길에 올랐을 때는 얼마나 두려웠는지 스트레스성 원형 탈모에 시달렸다. 프랑스 유학길에 올랐을 때도, 사업을 처음 시작할 때도, 빚더미 위에서 모든 걸 처음부터 다시 시작해야 했을 때도 사정은 다르지 않았다.

당신도 절망의 길 끝에 서 있을지 모른다. 이제 어둠에서 나와 밝은 곳으로 걸어라. 두렵다고 첫발을 내딛지 않으면 아무것도 변하지 않는다. 놀라운 성취를 일군 저명한 성공자들도 한때는 초보자였다. 진짜 인생이 변하기를 원한다면, 겁먹지 말고 의심하지 말고 이 책에서 소개하는 솔루션을 실천하라.

잘살고 싶은 욕심이 지나쳐 밤낮없이 일하지 않기를 바란다. 제발 무턱대고 하지 마라. 삶의 방향성을 잃었을 때, 앞뒤 안 보고 살아온 시간을 후회할 수도 있다. 심지어 그간 불철주야 노력해 온 자신을 부정하는 안타까운 일이 생길 수도 있다. 무작정 열심히 하는 것이 능사가 아니다. 명확한 목적 없이 노력하면 힘만 빠지고 작은 일에도 포기하기 쉽다. 이 책에서 제시하는 솔루션을 활용해 아침을 주도하고 자기 삶의 방향을 결정하라.

'아침 시간을 오롯이 자신을 위해 쓰라'라는 원칙은 풍요와 성공을 거머쥐기 위한 인생의 황금률이다. 더도 덜도 말고 기상 후 20분 습관 하나만 익혀 아침 시간을 잘 활용해 보자. 그러면 나쁜 습관은 개선되고, 다른 좋은 습관은 당신의 것이 된다. 모든 것이 바뀐다.

'골든타임'이라는 말이 있다. 환자의 생사를 두고 화급하게 치료 행위가 이루어져야 하는 최소한의 시간(보통 1시간 이내)을 의미한다. 매일 아침 기상 후의 시간은 당신 인생의 골든타임이자, 펄떡이는 생명력이 약동하는 삶을 살기 위해 반드시 사수해야 할 절체절명의 시간이다. 그러니 지금 당신에게 중요한 그 어떤 일, 관계, 시간도 아침의 골든 타임 20분과 맞바꾸지 마라. 풍요와 번영을 끌어당겨 당신 인생을 황금으로 바꿀 '골든 모닝'이니까.

태양이 어둠을 삼키듯 후회와 좌절, 패배에서 영광과 승리로 당신의 삶을 역전시켜라.

오늘 당신의 골든 모닝을 잡아라!

Golden Morning

골든 모닝

인생을 황금으로 바꾸는 아침 시간

차례

1부   아침이 발산하는 기적의 에너지

2부) 최대치에 도전하는 자들의 인생 황금률

3부 하루 20분, 기적의 모닝 시크릿

4부 100일, 완벽히 새롭게 태어나는 시간

1부

아침이 발산하는
기적의 에너지

The Miracles
of
Golden Morning

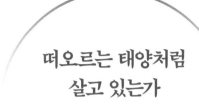

떠오르는 태양처럼
살고 있는가

아침은 저절로 오는 것이 아니다

오늘 당신은 무엇을 위해 눈을 떴는가? 만약 그 이유가 별다를 게 없다면 당신의 일과에 내가 진짜로 원하는 것, 예를 들면 꿈을 위한 시간이 포함되어 있는지 살펴봐야 한다. 일과표에 자신의 꿈을 위해 투자할 시간이 단 10분도 없다는 건 상당히 애석한 일이다.

당신이 스스로 꿈을 위해 희생하지 않으면, 당신의 꿈은 희생될 것이다. 자기를 희생하지 않고 꿈에 도달한 사람을 보지 못했다. 자신을 위해 노력하는 삶에 구태여 희생이라는 단어를 갖다 붙일 이유는 없으나, 꿈을 이루는 일은 그 정도로 숭고한 과정이다. 아침이 그냥 오는 게 아니듯 그냥 살아지는 삶도 없다. 한결같이 맹렬히 떠오르는 태양처럼 나도 매일 솟구쳐 올라야 한다. 다음은 내가 꿈에 부푼 기대감으로 새롭게 눈을 떴던 어느 아침의 이야기다.

삶의 출발선은 누구나 다르다. 그 출발선의 조건은 우연이다. 태어나 보니 부모가 재벌이고, 태어나 보니 부모가 빈농인 것은 우리가 어찌할 수 있는 일이 아니다. 전형적인 흙수저로 태어난 내 삶의 출발선은 태생적으로 열등했다. 구멍가게 하나 없는 전라북도 정읍의 깡촌에서 태어난 나는 말을 깨우치며 가난을 배웠다.

절대 빈곤을 제외하면, 가난은 그 속성이 상대적이어서 내가 처한 현실이 특별히 절망적이거나 수치스럽지 않았다. 당시는 너나없이 가난했고 우리 집도 마찬가지였다. 가난은 그저 불편하고 조금 서러운 것이었다. 어쩌면 산과 들과 밭을 오가며 자연의 넉넉함 속에서 바쁘게 자라느라 내 유년 시절의 가난은 비참할 겨를이 없었던 것 같다.

또래보다 키가 크고 골격이 서구적이었던 나는 조용한 시골 마을에서 유독 눈에 띄는 아이였다. 쑥쑥 커지는 몸만큼 마음의 그릇도 자랐다. 청소년기에 접어들며 가난은 곧 기회의 박탈이라는 사실을 깨달았다. 당연한 것이 당연하지 않은 그런 삶도 있었다. 내 엄마는 동트기 전에 하루를 시작하고, 식구 중 가장 늦게 잠자리에 들었다. 그토록 부지런하게 24시간이 모자란 나날을 보냈지만 가세는 보란 듯이 기울었다. 대물림한 가난의 고리에서 나는 고등학교 진학의 기회를 잃었다. 배움의 열망이 컸다기보다는 남들에게는 너무도 당연한 기회를 나는 가질 수 없다는 사실에 난생처음 깊은 절망을 경험했다.

나는 왜 학교에 갈 수 없냐고, 왜 나만 이렇게 뒤처져야 하느냐고 아버지에게 악다구니를 쓴 날 밤이었다. 엄마 무릎을 베고 하염없이 우는데 엄마가 말씀하셨다.

"해 뜨면 또 살아진다. 그만 울고 어서 자라."

친구들은 교복을 입고 학교에 가는데 왜 나는 그럴 수

없는지, 왜 우리 엄마는 손과 등이 곱을 만큼 일해도 잠 한 숨 편히 잘 겨를이 없는지, 왜 우리 가족은 일할수록 가난 해지는지, 왜 성실한 삶이 안락한 현실로 이어지지 않는지 이해할 수 없었다. 동화에서 봤던 행복한 결말이 현실에서 는 당연하게 주어지지 않는다는 사실을 절감한 사춘기 소 녀는 좌절감에 신음했다.

울다 지쳐 한잠 푹 자고 일어났더니, 절망감에 흐트러졌 던 정신이 맑아졌다. 부조리한 현실의 민낯이 드러나 보이 면서 화도 났다. 그러나 낙심하거나 자포자기하고 싶은 마 음은 들지 않았다. 현실의 벽이 차갑게 느껴질수록 분노가 연료가 되어 타오르는 것 같았다. 마치 붉은빛을 서서히 드러내며 마침내 모습을 보이는 태양처럼, 내 진정한 자아 가 세상에 모습을 드러내기 전에 진통하는 것 같았다. 그 날 나는 '내일의 태양'처럼 다시 태어났다. 어제까지의 나 는 이 세상에 없었다. 내 인생을 왜 그리고 어떻게 살아야 할지 처음으로 각성하는 순간이었다.

삶은 평등하지 않다. 평등이란 애초에 실현된 적 없는 추 상적 가치일지 모른다는 생각을 그때 처음으로 하게 되었 다. 인류 역사에서 인간의 삶은 평등한 적이 없었고, 인간의 권리와 존엄은 그저 주어진 것이 아닌 지난한 투쟁의 결과였다. 살아보니 더 그렇다. 인생에 당연하게 주어지는 것들이 얼마나 있는가.

그때 나는 갈림길에 서 있었다. 가난이 대물림되는 현실에 머물 것인가, 틀을 깨고 움직여 새로운 미래를 쟁취할 것인가. 해답은 정해져 있었다.

나는 한 번뿐인 내 삶에 기회와 희망이 넘쳐나기를 바랐다. 기회 없는 땅은 죽은 땅과 다름없었다. 스스로 기회를 찾으러 직접 행동하기로 했다. 우선 어떻게든 학교에 다닐 방법을 찾으려 동분서주했다. 겨우 알아낸 방법은 서울의 한 공장에 취직해 낮에는 일하고 밤에는 야간학교에 다니는 것이었다. 큰 고민 없이 집을 떠나기로 했다. 물론 두려웠다. 그러나 대안은 없었다. 양 볼에 솜털이 보송보송했지만, 인생을 꾸려나가기에 충분하다고 스스로를 다독였다.

희망의 불씨를 발견하니 잠이 오지 않았다. 말똥말똥한 눈으로 날이 새기를 기다렸다. 엄마가 쥐여준 7000원을 들고 서울행 첫차를 탔다. 그때 버스에서 터오는 동을 바라보며 열여섯의 나는 무슨 생각을 하고, 어떤 꿈을 품었던 걸까. 그리고 딸을 서울 타지로 보내야 했던 엄마의 마음은 어땠을까. 지금도 그때 차창 밖으로 빛줄기가 길어지는 해를 보며 눈이 시리던 게 기억난다.

그렇게 아는 사람 하나 없는 대도시에서의 삶이 시작되었다. 낯설고 물선 서울에서 부모라는 울타리 없이 홀로 산다는 것은 예상보다 더 외롭고 처절했지만, 서울은 어떻게든 살아보려는 나에게 기회를 주었다. 낮에는 와이셔츠 공장에서 일하고, 밤에는 야간고등학교에 다녔다. 주경야독을 강행하며 항상 잠과 영양이 부족했지만, 내 손으로 삶을 짓고 있다는 성취감과 새로 꾸게 된 더 많은 꿈 덕분에 행복했다.

아인슈타인은 시간이 상대적이라 말했다. 나는 이 세기의 천재의 발언에 동의한다. 시간은 그 시간을 활용하는 주체에 따라 다르게 흐른다. 재미있는 영화를 보거나 좋아하는 사람과 이야기를 나눌 때는 시간이 빨리 가지만, 하기 싫은 일을 하거나 뜻이 맞지 않은 사람과 함께 있을 때 시간이 느리게 가는 것을 누구나 한 번쯤은 경험했을 것이다. 서울에 올라온 후로 나의 시간은 미친 듯이 빠르게 흘렀다. 내 꿈의 속도가 빠르던 시절이었다.

살아야겠다, 내일도 해가 뜨니까

20년 뒤 어느 날, 나는 파리 시내를 몇 시간이나 하염없이 걷고 있었다. 어느새 거리는 어둠이 짙었고, 밤공기는 미적지근했다. 빠르게 걷지 않았는데도 숨이 거칠었다. 뺨을 타고 흘러내리는 것이 땀방울인지, 눈물방울인지 알 수 없었다. 온몸이 땀으로 젖었고 다리가 끊어질 것 같았다.

파리에 온 지 12년. 첫 사업에 실패하고 2년째 은둔하던 때였다. 와이셔츠 공장의 중졸 소녀공이 글로벌 푸드체인 켈리델리의 회장으로 성장하기까지는 말로는 다 담지 못할 깊은 단절이 있었다. 성공과 실패, 사랑과 배신은 동전의 앞뒤와 같아서 눈부신 성공 뒤에 처절한 실패가 줄곧 따라왔고, 영원히 함께할 거라 믿었던 친구와 지인은 작은 실패에도 쉽게 떨어져 나갔다.

고된 삶에 지치다 못해 내 꿈은 희생당했다. 다시는 재기하지 못할 거라는 패배감에 완전히 지고 말았을 때, 나는 스스로를 좁은 방에 가둬버렸다. 본능에 따라 먹고 자고 술에 의지하며 우울감에 파묻힌 채 되는 대로 살았다. 몰라보게 살이 찌면서 자존감도 바닥을 쳤다. 이제 와서 뭘

할 수 있겠냐고 비관하며 불면의 밤을 수없이 보냈다. 그날도 한숨도 자지 못한 채로 동이 텄다. 매일 그냥 뜨는 줄 알았던 태양인데 뭔가 새삼스럽다고 느끼던 순간, 고향을 떠나올 때 엄마가 했던 말씀이 불현듯 떠올랐다.

해 뜨면 또 살아진다.

밖은 이미 어스름하게 밝아오고 있었다. 일단 집을 나왔다. 두 달 만이었다. 오랜만에 마주한 태양 빛이 내 속을 꿰뚫어 보듯 너무 환해서 왠지 부끄러웠다. 태양을 피하려는 사람처럼 무작정 걸었다.

'감당하지 못할 빚만 남기고 사람도 돈도 나를 떠났어. 집에만 틀어박혀 있는 게 내가 할 수 있는 전부였어.'

누가 물은 것도 아닌데 자꾸 되뇌었다. 걸을수록 분명히 보였다. 나는 내 실패를 핑계 삼아 지금의 망가진 삶을 '변명'하고 있었다. 그 고리를 끊고 싶었다. 해 뜨면 또 살아진다는 엄마의 말을 떠올리며 걷고 또 걸었다.

그렇게 첫발을 뗀 후 지인의 끈질긴 부름에 외출을 감행했다. 승승장구하던 시절 나를 존경한다고 말했던, 언제 어디서나 주목받고 당당하고 화려했던 내 과거를 기억하던 사람이었다. 마지막 남은 자존심에 한없이 초라해진 모습을 보이기란 죽기보다 싫었다. 몇 시간 동안 영혼 없는 추임새로 내 감정을 숨겼다. 자리를 마쳤을 때는 비참한 기분만 남았다. 돌아가는 길, 딱히 얼른 가야겠다는 마음도 들지 않았지만 집까지 가는 차비가 아까웠다.

그렇게 몇 시간을 걸어 센강에 겨우 다다랐을 때는 검은 강물이 안식처 같았다. 그냥 저 강물에 들어가 같이 흘러가 버리고 싶었다. 하지만 다리가 후들거려 한 발짝도 떼기 어려웠다. 하릴없이 강물만 쳐다보다 새벽빛이 어슴푸레해졌을 때야 겨우 발길을 돌렸다.

그날이 시작이었다. 무작정 걸었다. 처음에는 하루에 15분쯤 나갔다가 들어오는 게 고작이었다. 발이 너무 무거워서 쉽게 떨어지지 않았다. 마음도 땅바닥에 붙은 껌처럼 좀처럼 들어 올려지지 않았다. 그러다가 차차 30분, 1시간씩 늘려갔다. 나중에는 파리 시내를 4~5시간씩 걸어 다녔다. 처음에는 사람을 마주치기 싫어서 밤에 나갔다. 하지만 걷기를 할수록 아침이 밝아오는 기운이 좋아서 새벽에 나가 걷기 시작했다. 나는 태양을 쫓고 있었다. 떠오르는 태양을 보며 타지에서도 엄마를 느낄 수 있었다.

나에게 걷기는 전원이 꺼진 육체에 동력을 불어넣는 일이었다. 그 동력에 힘입어 정신에는 명상이라는 에너지를 넣었다. 그때는 죽지 않으려고 매일 걷고 명상했지만 시간이 지나면서 명상은 점차 자신감의 근원이 되었다. 지금까지도 운동과 명상을 꾸준히 실천하며 정신과 신체, 영혼에 에너지를 불어넣고 있다.

석 달쯤 매일 걷고 나니, 살이 빠지고 체력이 늘고 근육이 잡혔다. 그렇게 몸의 근육과 함께 생각의 근육도 차오르기 시작했다. 이대로 있을 수는 없었다. 사업에 실패하고 빚쟁이에 나이도 많았지만 내일 해가 뜨면 또 걸어야 했고, 나는 살아야 했다.

돌아보면 평생이 그랬다. 쉬이 오는 인생은 단 한 번도 없었다. 그게 순리였다. 그때부터 절박한 마음으로 나와 같은 흙수저 출신의 성공한 사람들을 공부하기 시작했다. 사실 나는 그들이 바쁘다는 말을 입에 달고 살며, 부모나 배우자, 자녀를 돌볼 새도 없어 가정을 포기하고, 하루 네 시간만 자면서 주말도 포기하고 일해서 그 자리에 올랐을 거라 생각했다. 사업에 실패하기 전의 나처럼 말이다. 그들처럼 되기 위해 다시 나를 태워야 한다고 생각했다.

하지만 성공한 사람들은 스스로를 소모하지 않았다. 그들은 부자이기 전에 누구보다 자기 인생을 사랑하는 사람들이었다. 매시간을 최고의 것들로 채우고 있었다. 그들의 삶에는 여유가 넘쳤다. 그들은 그들 자신의 삶을 살고 있었다. 다른 사람의 삶을 살아주느라 시간을 낭비하거나 뭔가에 휘둘리며 사는 사람은 단 한 명도 없었다. 나에게 묻지 않을 수 없었다.

'나는 나 자신의 삶을 살고 있는가?'

나는 성공자들의 삶을 더 파고들었다. 그들의 성공 비결에는 특별할 게 없었다. 하루를 시작하는 마음가짐과 방법만이 남달랐을 뿐이다. 그들은 새벽같이 일어나 자기만의 시간에 집중했다. 명상하고 시각화하고 가족들과 포옹하고 운동하고 차를 마시고 책을 읽었다. 간단하고 상식적인 루틴이었다. 그들은 길게는 수십 년간 이런 아침 습관을 지켜왔다. 성공한 사람들에게는 아침이 인생의 열쇠였다.

이후 나만의 방법으로 몇 가지 루틴을 만들어 따라 해보았다. 100일쯤 지나자 '루틴을 지켜야 한다'라는 생각은 덜하게 되었다. 내 안의 에너지를 잘 흐르게 하기 위해서 이미 몸에 배어 자동화된 루틴을 수행하는 식으로 목적이 완전히 바뀌었다.

걷기를 시작한 지 석 달 만에 무릎에 힘이 생기고, 재기에 도전할 만큼 몸과 마음의 체력을 회복했다. 그뿐 아니라 석 달 만에 나는 온갖 긍정적인 것들을 끌어당기는 그릇으로 바뀌었다. 이전의 나는 깨어지고 부서졌지만, 재차 담금질된 끝에 더 크고 단단한 그릇으로 다시 태어났다. 더욱 놀라운 것은 내 그릇이 아직 성장 중이라는 점이었다. 노력할수록 나는 내가 원하는 만큼의 성장을 당겨올 수 있는 그릇이라는 깨달음에 도달했다.

아침에 눈을 뜨면 그날에 있을 가장 행복한 일을 머릿속에 그린다. 그리고 어떤 하루를 보낼지 스스로 결정하고 다짐한다. 이제는 버릴 수 없는 습관이 된 아침의 세레모니가 외딴 시골의 어수룩한 소녀에서 글로벌 기업 회장 '켈리 최'로 성장한 기본 동력이 되었다고 단언한다.

아침 시간은 시간의 상대성을 체험할 수 있는 하루 중 가장 귀중한 시간대일 뿐 아니라, 어떤 실패한 삶도 성공으로 이끄는 놀라운 힘이 있는 시간대이기도 하다. 거짓말 같은가? 지금부터 들려주는 내 실제 경험남에 귀 기울이기 바란다.

당신이 지금 어디 있든, 그곳이 출발점이다

아침은 약동하는 시작의 에너지다

동양의 세계관은 음양론에 기초한다. 음양론은 우리가 사는 세계와 우주 만물의 생성 변화를 음과 양에 근거해 이해하는 사상이다. 예컨대 배터리가 양극과 음극의 활발한 에너지 교환을 통해 작동하는 것과 같은 이치다. 양의 기운은 활동적이고, 진취적이고, 에너제틱하다. 아침은 이러한 양의 기운이 집약되어 있다. 생기 있고 활발한 힘의 에너지가 팽창하는 시간대가 바로 아침이다.

인간의 몸은 시간이 흐르며 변화하고, 그 변화에 따라 마음과 정신도 달라진다. 인간의 생애주기를 아침, 점심, 저녁으로 비유해 설명하자면 아침은 청년기, 점심은 중장년기, 저녁은 노년기에 해당한다.

생에 중요하지 않은 순간은 없다. 다만 청년기를 어떻게 보내느냐에 따라 여생에 큰 영향을 미치기에 우리는 그 시기를 그토록 바쁘고 치열하게 살아낸다. 인생의 꽃이라 해도 좋을 40대에 가장 빛나는 성과를 내기 위해서는 청년기의 도전, 인내, 성장이 바탕이 되어야 한다.

아침은 가장 창의적이고 생산성이 높은 청년기와 닮아 있다. 청년기가 인생 전반의 발판이 되듯이, 아침은 당신의 성장을 위한 기회의 창이 된다. 기회의 창은 누구에게나 반드시 하루에 한 번 열린다. 당신이 가난하든 부유하든 상관없다. 운동경기의 기세는 스타트에서 판가름 난다. 인생의 축소판인 하루도 사정은 다르지 않다. 아침을 온전히 장악하는 사람은 하루의 주인이 된다.

아침은 무한한 잠재력을 가진 하루의 시작점이다. 출발하기 전 기름이 가득 찬 자동차와 같다. 아침에는 에너지의 밀도가 집약되어 삶의 변화를 촉진하기에 좋다. 인간의 몸, 특히 뇌는 아침 시간에 활동하는 데 최적화되어 있다. 이는 인류의 오랜 역사가 만들어낸 생체 알고리즘이다. 잠을 자며 피로와 스트레스에서 해방되고 재건된 뇌는 진정한 '몰입'을 가능하게 하는 최적의 조건이다. 몰입에 최적화된 상태에서 목표한 일에 한두 시간 집중하면 보통 사람들이 하루 동안 할 일을 해낼 수 있다. 그만큼 의욕과 끈기가 높아진다. 하루 중 아침에 일의 효율성이 가장 극대화되는 이유다.

또한 아침은 모든 처음이 그렇듯, 때 묻지 않은 순수함을 머금은 시작점이다. 내비게이션에 어떤 목적지와 도착 시간을 입력할지 내가 선택할 수 있는 것과 같다. 아침은 온전히 나에게 집중할 수 있는 거의 유일한 순수의 시간이다. 이때만큼은 타인과 세상일이 개입되지 않는다.

현대인은 늘 집중력을 도둑맞고 있다. 급변하는 사회와 트렌드, 날이 갈수록 고단해지는 직장의 업무, 쉴 새 없이 울리는 SNS의 알람까지 그 모든 자극에 대응하다 보면 24시간이 모자라기 일쑤다. 그뿐인가. 고단한 일과를 마치고 저녁이 오면 정상적인 두뇌 활동을 마비시키는 음주, 흡연,

OTT 시청 등에 습관적으로 일차원적 쾌락에 빠져드는 이들이 적지 않다.

오염되지 않은 자연이 건강을 되살리듯 오염되지 않은 시간은 성장을 부추긴다. 인생을 망치려고 작정한 사람이 아니라면 눈뜨자마자 자신에게 안 좋은 일을 하려는 사람은 없다. 아침에는 자신에게 무해한 일을 하는 것이 마땅하다.

무엇보다 아침은 잠재의식이 가장 극적으로 깨어나는 시작점이다. 내비게이션이 내가 입력한 목적지와 도착 시간에 맞춰 나를 인도해 주는 것과 같다. 아침은 성공의 열쇠를 쥔 잠재의식을 내 편으로 만들기 좋은 시간대다. 불시에 떠오르는 생각에 수동적으로 반응하기 쉬운 낮 시간과 달리, 아침 시간에는 내 생각을 주도적으로 제어할 수 있다. 부정적인 알고리즘을 끊어내고 즐겁고 생산적이며 긍정적인 알고리즘으로 바꾸기 좋다.

이 점에서 아침의 에너지는 이제까지와는 다른 인생을 창조하는 저력이 있다. 그 귀한 시간을 온전히 활용하는 사람은 원하는 목표를 성취할 수밖에 없다. 하루를 내 의지대로 살 수 있는 사람은 원하는 인생을 살고 목표한 바를 이룬다.

당신이 지금 삶의 어느 시기를 지나든, 아침은 온다. 그 아침을 감사와 환대로 맞는다면 그곳이 바로 당신의 새로운 출발점이 된다. 고요한 아침에 일어나 온전히 나를 위한 시간을 가져라. 긴장을 풀고 스스로를 독려함으로써 자신을 먼저 최상의 상태로 끌어올리는 데 집중하라.

하루 단 5분이라도 백만장자처럼 살아라

사업을 하다 보니 눈을 뜨자마자 책상으로 달려가 업무를 볼 거라 예상하는 이들이 있다. 기대를 저버려 미안하지만, 나는 절대로 아침에 일어나자마자 일부터 하지 않는다.

흔히 현대인은 휴대전화 알람 소리에 눈을 뜨고, 자연스레 휴대전화를 손에 쥐며 잠금 해제를 한 뒤 이메일과 각종 메시지를 확인한다. 나는 이러한 기계적인 흐름이 자기 성장을 막는 최악의 행동이라고 본다. 이것만은 잊지 말기 바란다. 잠에서 깬 당신이 가장 먼저 돌봐야 할 것은 거래처 이메일이나 SNS의 새로운 피드가 아니라 바로 자기 자신이다. 자신부터 챙겨야 일도 더 잘하고, 관계도 더 잘 맺을 수 있다.

삶의 우선순위를 자신에게 두는 태도는 다른 일에 더 잘 집중하는 결과로 이어진다. 일상의 잡다한 것들이나 낮과 밤의 충동과 피로에서 해방되어 더 중요한 일에 몰두하게 되기 때문이다. 인생길의 수많은 선택지 중에서 중요하지도 않고 급하지도 않은 일을 솎아내면, 중요하고도 급한 기회는 잃지 않을 수 있다.

나의 아침 루틴의 핵심은 이렇다. 본격적인 업무에 들어가기 세 시간 전인 아침 여섯 시경에 기상한다. 그러고는 시각화·확언·명언 필사·독서·운동 등 다섯 가지 루틴을 중심으로 하여 그 시간을 온전히 내 신체적·정신적·영적·직업적·사회적 성장을 위해 쓴다. 그러면서 한 조직의 결정권자로서 결정해야 할 일들을 '미리' 해결한다.

당신은 아직도 '나는 정말 바빠서 시간이 없어요'라고 말할 수 있다. 그러나 들어보라. 나는 딸과 남편, 엄마와 형제자매, 친척, 친구들은 물론 전 세계 13개국에 걸쳐 있는 1400여 개 매장, 30여 개의 계열사, 6000명이 넘는 가맹점주와 직원들, 각지에 연결된 소매업체, 수만 명의 고객,

유튜브와 책 등으로 만난 수십만 명의 팔로어들 등등 무수한 사람과 매일 연결되어 있다. 주변에서는 내게 몸이 열 개여도 모자랄 것 같은데 도대체 그런 여유 시간을 어떻게 확보하느냐고 묻는다. 해답은 간단하다. 나는 시간 만들기의 귀재다.

내가 잘나서 이런 능력이 있는 것이 아니다. 일찍이 시간의 중요성을 깨닫고, 무수한 시행착오를 거쳐 시간을 확보하는 방법을 체득했을 뿐이다. 핵심은 최고의 상태에서 나를 위해 시작의 에너지를 쓰는 것이다. 나도 당신도 평범한 인간일 뿐이고, 하루 24시간 이상을 살 수는 없다. 오히려 당시의 나는 지금 당신보다 교육 수준이나 가진 돈이 부족했을 거다. 아침을 사는 방법이 지금 당신과 나의 운명을 갈랐다.

나는 단언한다. 당신이 만약 나처럼 살았다면 당신은 지금 나보다 더 큰 사람이 되어 있을 것이다. 시간은 유한하고 일회적인 자원이다. 그러나 우리는 시간을 퍼도 퍼도 계속 샘솟는 옹달샘 정도로 치부하는 경향이 있다. 시간을 귀하게 여기고, 정확히 확보하는 사람은 어떤 일에도 쉽게 휘둘리지 않는다.

지금의 내가 있는 것은 아침마다 수행하는 다섯 가지 기본 루틴 때문이라 해도 과언이 아니다. 이 책에 내 경험을 전부 녹여낸 결과물을 담고자 했다. 특히 내가 여전히 어둠 속에 있을 때 누군가 내게 해주길 바랐던 이야기를 실었다. 누구든 이 루틴을 자기 삶에 적용한다면, 자신이 바라고 염원하는 모습을 이룰 거라 확신한다.

다섯 가지 루틴은 아침을 효율적으로 보내는 기본적 가이드로 당신의 생활 방식이나 성장 속도 등에 맞춰 바꿔나갈 수 있다. 아침 시간을 활용하려 할 때 가장 중요한 것은 어떤 루틴을 얼마나 실행하느냐보다 그 루틴이 조금씩이라도 자기 자신을 성장시키는 행위여야 한다는 점이다. 그 성장의 시간이 넉넉하면 좋겠지만, 길지 않아도 괜찮다. 순서를 바꾸거나 다섯 가지 중 일부만 실천해도 좋다. 가장 중요한 것은 매일 빼놓지 않고 실행하는 것이다.

나아가 꾸준한 실천으로 내가 제시한 루틴이 습관이 될 때쯤에는 당신만의 아침 루틴을 만들고 지키기를 바란다. 내가 그랬듯이 말이다. 당신만의 루틴을 갖도록 돕는 것이 바로 이 책의 진정한 목표다. 자기계발은 남이 아니라 바로 '자기'가 행해야 하는 일이다.

직업상 아침 시간을 활용할 수 없는 사람도 있을 것이다. 사회가 고도화될수록 다양한 생활 방식을 가진 이들이 출현하고, 생활이 피치 못하게 불규칙할 수도 있다. 결론적으로 말하자면, 괜찮다. 반드시 새벽 기상을 해야 하는 것은 아니다. 새벽형 인간만이 성공하는 것은 아니다. 다만 하루를 시작하는 자세와 방법이 중요하다. 그러니 자기 생활의 일정표를 기준으로 삼고 내가 제안하는 기상 루틴을 실행하면 된다. 형식보다 중요한 것은 내용이고, 내용만큼 중요한 것은 실행이다.

하루 중 언제가 되었든 본 업무에 들어가기 세 시간 전 혹은 두 시간 정도 전에라도 기상하는 것이 좋다. 오후 세 시 출근이라면 정오에는 일어나 루틴을 실행한다. 하루도 빼놓지 않고 실행한다면 거의 동일한 효과를 볼 수 있으리라 생각하지만, 조건이 있다. 일반적인 생활 방식을 사는 사람들보다 의지가 더 확고해야 하고, 더 절실하게 집중해야 한다. 오후나 저녁 시간대에는 자신의 시간과 에너지를 집중하는 데 방해가 되는 요소가 훨씬 많다. 친교와 사교 활동을 비롯해 온갖 유혹의 손길이 기다린다.

외부 환경은 개인이 쉽게 바꿀 수 있는 영역이 아니다.

다만 거기서 오는 핸디캡을 상쇄하는 것은 개인의 의지에 달렸다. 장애물을 만났다고 멈춰버리는 사람은 앞으로 나아갈 수 없다. 그 상황을 뚫고 나아갈 수 있는 대안을 만들 때 새로운 역사가 쓰인다는 사실을 뼈에 새기기 바란다.

삶에 무릎 꿇은 자에게
볕은 더 따사롭다

각자의 성장 속도에 집중하라

이렇게 쓰고 보니, 나라는 사람이 타고난 '아침형 인간'인 것 같다. 단언컨대 본래 나는 아침에 눈이 번쩍 뜨이거나 아침에 유난히 활력이 넘치는 사람은 아니었다. 오히려 그 반대에 가까웠다. 눈꺼풀의 무게가 소 한 마리보다 무거운 것 같았다.

어린 시절에 내가 살던 고향에서는 대부분 농사를 지었

다. 농촌에서는 손이 늘 부족해 여물지 못한 고사리손도 요긴했다. 농사일로 바쁜 어른을 대신해 아침마다 아이들이 소, 닭, 토끼 등의 동물을 돌보고 여물과 먹이를 주었다.

아버지는 늦어도 새벽 여섯 시면 자식들을 깨웠다. 아버지의 호령에 벌떡 잠에서 깨어나는 동생과 달리 나는 쉽게 잠에서 깨지 못했다. 아침에 눈을 뜨는 것이 그렇게 어려웠고, 아직 꿈결을 헤매는 정신이 제자리를 찾기까지 30분 이상이 걸렸다. 이부자리에서 벗어나지 못하고 비몽사몽간에 있는 나에게 아버지는 늘 혀를 차며 말씀하셨다.

"저렇게 게을러 터져서 먹고살겠나."

한바탕 쓴소리를 들으며 가까스로 몸을 일으켜고 동물 가족들의 아침을 챙기며 남은 잠을 털어냈다. 아침잠은 왜 그리 달콤한지 조금 더 자고 싶은 마음이 굴뚝같았고, 아버지가 좀 다정하게 나를 깨워주길 바랐다. 다행히 몸을 움직이면 자연스럽게 정신이 맑아졌고, 정상적인 컨디션을 되찾은 뒤에는 제법 야무지게 소일거리를 해냈다.

어려서부터 자의 반 타의 반으로 아침 시간을 살뜰히 활용하는 습관이 내 몸에 장착되어 있었다. 이런 습관은 서울살이를 시작한 이후에 빛을 발했다. 나는 총 세 번의 유학 생활을 했는데, 첫 번째 도시는 서울이었다. 성인이 되어 패션디자이너라는 꿈을 이루기 위해 일본과 프랑스로 유학을 떠나며 숱한 고생을 했지만, 열일곱 서울 유학 시절의 고난에 비할 것은 아니었다.

서울로 상경해 와이셔츠 공장에 취직했을 때, 공장에서 오전 8시부터 오후 5시까지 일하고 밤에는 야간고등학교에 다녔다. 그러다 보니 실제 내 꿈을 위해 성장할 시간이 없었다. 뭐라도 하려면 잠을 쪼개야만 했다. 체력 하나만큼은 자신 있던 시절이라 잠을 줄이는 것이 참을 수 없을 만큼 괴로운 것도 아니었다.

돌아보면 어린 시절부터 학습된 아버지의 말이 무의식에 새겨져 오랫동안 스스로를 게으른 인간이라 믿었던 것 같다. 그래서 아침 루틴을 실천하는 동안 다소 긴장한 상태로 스스로를 엄격하게 몰아세우곤 했다. 한참 뒤에야 내가 아침에 집중하기까지 시간이 좀 오래 걸리는 사람일 뿐임을 깨달았다. 나는 타고난 아침형 인간은 아닐지라도 천성이 게으르거나 느린 사람이 아니었다. 이렇게 나 스스로를 있는 그대로 이해하고 긍정하기까지 40년이 넘는 세월이 걸렸다. 당신도 이미 몇 번의 실패를 통해 일찍 기상하는 습관을 포기했거나 자기 비난에 빠져 있을 수 있다. 하지만 스스로를 너그럽게 대하고 비난하기보단 독려하며 아침 기상을 실천하기를 바란다.

기적은 '아침에' 행동하는 자에게 찾아온다.

삶에서 가장 중요한 한 문장을 뽑으라면 주저 없이 이 문장을 말하고 싶다. 그리고 이 문장에서 '아침에'를 특히 강조하겠다. 아침은 변화를 위한 행동을 개시하기 좋은 시간대다. 내가 나 스스로를 게으른 인간이라고 꽤 오래 믿었던 것처럼 '빚쟁이'나 '실패한 사업가'라는 낙인을 달고 살았다면, 지금의 나는 없었을 것이다. 매일 아침 나만의 속도로 성장하고 변화하는 자신을 지켜보는 사람은 과거의 그림자를 말끔히 털어낼 수 있다.

나는 과거를 후회하거나 실패에 집착하여 정작 삶의 중요한 일에 집중하지 못하는 사람을 숱하게 목격했다. 아침은 무력했던 과거의 나를 털어내고 새롭게 태어나는 시간이다. 게다가 살아 있는 동안 그 다시 태어남의 기회는 매일 아침 계속 주어진다. 이 귀한 시간을 아껴 쓰고 매일 연마하는 사람은 뭐가 달라도 다르지 않겠는가.

성장하는 사람의 내일에는 실패가 없다

성공과 성장은 동의어가 아니다. 흔히 성공과 성장을 같은 단어인 양 사용하지만, 비교가 어려울 만큼 그 차이는 어마어마하다. 성공의 반대말은 실패지만, 성장의 반대말은 실패가 아니다. 나는 오히려 실패가 성장의 유의어라고 본다. 성장은 성공보다는 실패를 통해 극적으로 이루어진다.

나는 인생에서 성공을 최우선 가치로 삼지 않는다. 내 인생의 또 다른 핵심 가치 중 하나는 성장이다. 그래서 가능한 한 빨리 시작하고 실패하는 것이 중요하다. 실제로 성공은 성장 과정에서 경계해야 하는 쾌락일 때가 더 많다. 성공과 성장을 혼용하는 건, 성공이 성장하는 인간에게 자연히 따라오는 부산물 중 하나이기 때문이 아닐까 한다.

본질이 아닌 부산물에 눈이 먼 사람은 행복을 거머쥘

수 없다. 성공에 집착하는 사람은 결과에 의존한다. 그러면 필연적으로 자괴감이 들고 자신의 성과를 있는 그대로 긍정할 수 없게 된다. 자신을 긍정할 수 없는 사람은 절대로 행복할 수 없다. 소위 성공했다고 회자되는 유명인 중에 슬픔에서 벗어나지 못해 세상을 긍정하지 못하는 이들이 있다. 업계 최고의 위치에 올랐지만, 우울증으로 어렵게 일군 모든 것을 포기하는 이들도 적지 않다. 행복한 사람은 자기 삶을 포기하지 않는다.

나는 첫 사업에 실패했다. 복구가 안 될 수준으로 망해버렸고, 나를 도울 사람도 주변에 없었다. 식사, 잠자리, 욕실 등 그 어느 곳이든 "넌 안 된다"라고 말했던 사람들의 목소리가 유령처럼 따라다녔다. 마치 모든 걸 잃은 나를 비웃는 것만 같았다.

하지만 포기하지 않았다. 다시 살기 위해 할 수 있는 일부터 시작했다. 바로 민박집 가이드였다. 사업가에서 민박집 가이드로 생업을 바꿨을 때, 주변 사람들은 대놓고 나를 무시했고 비아냥거렸다. 그럴 때마다 면전에서 따지고 싶었지만 상처받은 마음을 가다듬고 그냥 할 수 있는 일을 했다. 타인에게 멋있고 화려해 보이려는 생각에서 벗어나

'찌질한' 현실을 인정하고 나니, 다음 단계로 나아갈 힘이 생겼다. 그래서 주변의 따가운 시선에 아랑곳하지 않고 내실을 다져갈 수 있었다.

당시 나는 흔들리지 않기 위해 아침 일찍 일어나 그날의 마음가짐과 목표를 설정했다. 그리고 거울에 비친 나 자신에게 사랑한다고 말하고, 무엇이든 상상한 대로 이룰 수 있다고 용기를 주었다. 일하는 시간이 고되다고 생각하며 버티는 것이 아니라 일하는 시간을 통해 매일매일 성장하겠다고 다짐했다.

켈리델리를 준비하는 2년간, 나는 그렇게 나만의 속도로 살았다. 남들이 보기에 내 조건은 그 전과 조금도 다르지 않았을 것이다. 민박을 운영하고, 틈틈이 가이드로 일했지만, 여전히 돈은 없었다. 그러나 매일 마트로 출근을 하고 매일 책을 읽으면서 전과는 전혀 다른 사람이 되어가고 있었다. 내가 변하고 있다는 것을 나 자신은 느낄 수 있었다. 좋은 에너지가 매일 새롭게 차오르는 느낌, 모든 것에 감사한 느낌은 성공가도를 달리고 있던 때에도 느끼지 못한 행복감이었다. 이런 성장의 시간이 쌓이다 보니 성공한 이들에게나 붙는 화려한 수식어가 내 이름 앞에 오게 되었다.

이렇듯 아침에는 리셋의 힘이 있다. 십수 년 전 그날, 한 보잘것없는 낙오자가 세상과 단절하며 어둠을 벽처럼 쌓아 올렸는데도, 아침은 더없이 너그러웠다. 인생의 차가운 밑바닥에서는 한 줌 볕도 따사롭다. 그 온기로 용기 내어 한 발 내디딜 수 있었다. 인생이란 그런 것 같다. 생각지도 못한 지점에서 죽을 것만 같던 문제가 해소되고 모퉁이인 줄 알았던 길에 출구가 보이며 인생이 즉각적으로 바뀌곤 한다. 밤새 잠 못 이루며 껴안고 있던 고민이 아침에는 별일 아닌 듯 사라졌던 경험처럼 말이다.

어제까지 당신이 어떤 사람이었든 오늘부터 당신은 새로운 사람이다. '내가 그렇지 뭐' '나는 원래 이것밖에 안 돼' 하며 과거의 자신으로 돌아가지 마라. 당신에게 아침이 있는 한 몇 번이고 다시 시작할 수 있다. 인생을 길게 보면, 실패라고 여기는 시간 모두 성장의 과정 속에 있다. 어제보다 더 나은 내가 되기 위해 낡고 나약한 자신을 어제에 두고 와라. 매일 밤 포기하고 싶어 하는 나를 잠재우고 매일 아침 새롭게 다시 태어나면서 잠재력은 더 확장된다. 당신이 성장하는 한, 그리고 내일의 해가 다시 떠오르는 한, 당신은 결코 실패한 것이 아니다.

부와 성공을
끌어당기는 골든 모닝

1000명의 성공자가 아침에 집착하는 이유

2년의 칩거를 끝내고 몇 달 후 파리 시내를 걸어 다닐 수 있게 되었을 즈음, 나는 성공한 사람들의 책을 탐독하기 시작했다. 특히 각 분야의 내로라하는 사람들이 쓴 수백여 권의 책을 씹어 먹듯이 독파하고 나니 이제까지와는 다른 시선으로 나와 이 세상을 바라보게 되었다.

성공자들의 사례를 공부하고서 일차적으로 알게 된 것

은 그들이 모두 아침 시간 활용의 달인이자 시간 부자라는 점이었다. 부자들이 가진 주체적인 삶의 원천은 아침에 만들어졌다. 그들은 자신의 가장 이상적인 모습을 친절하고 긍정적인 이미지와 언어로 자신에게 각인시키며 부와 성공을 끌어당겼다.

당신의 오늘 아침을 떠올려 보라. 알람 소리에 놀라 허겁지겁 일어나 출근 준비로 분주하지 않았나. 지각을 면하기 위해 아침도 거른 채 사람들이 빼곡한 지하철에 짓눌려 출근하지 않았는가. 출근 후에는 화급하게 처리해야 할 이런저런 업무들에 휘말려 정신이 쏙 빠질 만큼 일하다 퇴근 시간이 훌쩍 지나 집으로 돌아오지는 않았나. 이것만은 기억하기 바란다. 아침에 일어나 어떤 준비 과정 없이 일상생활로 바로 뛰어들면 하염없이 시간에 끌려가게 된다. 잠재의식의 알고리즘을 지배당해 시간의 주인으로 살 수 없게 되는 것이다.

업계 최상에 있는 사람들은 매일 아침, 하루가 가장 이상적으로 흘렀을 때를 상상하며 '시각화'를 수행한다. 그들은 본격적으로 하루를 살기 전 반드시 오늘 하루를 어떻게 살 것인지, 무엇을 할 것인지를 계획하고 그 일을 성공적으로 수행하는 자기 모습을 그렸다. 그리고 의도치 않은 상황이 일어나지 않도록 잠재의식에 이를 깊게 심는다. 하루를 이상적으로 보내는 자기 모습을 '확언'을 통해 발설하고, 깨달음과 다짐을 '기록'하며, 하루 중 반드시 해야 할 일과 하면 안 되는 일을 정한다. '운동'과 '독서'로 육체와 정신을 충만하게 채우는 것은 기본이다.

나는 성공자들을 흉내라도 내겠다는 마음으로 나만의 루틴을 만들어 실천했다. 아침에 일어나면 먼저 시각화를 통해 원하는 목표를 이룬 내 모습을 구체적으로 떠올린다. 부유하고 건강하며 주변 사람들에게 긍정적인 영향을 미치는 미래를 그려보며 성취 동기를 강화한다. 또 왜 부자가 되고 싶은지 그리고 어떤 부자가 되고 싶은지를 매일 되새기며 방향성을 점검한다. 장기적 안목에서 미래를 내다보고 그에 맞춰 현재의 변화를 꾀한다. 이게 내가 부자가 된 첫 번째 비밀이다.

다음으로 이루고자 하는 목표와 구체적인 실행 방안을 확언한다. 내가 원하는 모든 물건을 사고, 원하는 일을 하고, 원하지 않는 일을 하지 않을 힘이 있다는 확신을 말해본다. 확신을 행동으로 보이겠다는 진심을 내 잠재의식에 들려준다. 나는 나 자신을 믿는다는 말을 실제로 내뱉고 그것을 들으면서 내가 미처 의식하지 못한 두려움이나 게으름까지도 떨쳐냈다.

명언 필사는 동서고금의 지혜를 담은 생각을 통째로 흡수하는 일이다. 특히 내가 존경해마지 않는 앤드루 카네기Andrew Carnegie, 워런 버핏Warren Buffett, 리처드 브랜슨Richard Branson, 스티브 잡스Steve Jobs 등 행적이 잘 알려진 실제 인물의 말에는 힘이 실려 있다. 이런 명언을 손수 써보면서 그 뜻을 더 깊고 명확하게 이해할 수 있었다. 나는 매일 아침에 필사한 명언을 마음속에 등불처럼 걸어두고 하루 동안의 내 생각과 행동을 비추며 경계하는 편이다.

독서는 내 삶을 바꾼 최고의 습관이다. 목표에 도달하기까지 필요한 지식과 통찰을 모두 책에서 얻었다고 해도 과언이 아니다. 창업이나 사업, 투자는 물론 삶의 수많은 선택지 앞에 설 때마다 책을 통해 이미 성취를 이룬 사람들의 검증된 방법과 의미 있는 경험을 가까이에서 체계적으로 배웠다. 배움을 위해 멀리 가거나 큰돈을 들일 필요도 없었다. 스스로 책을 읽고 공부하는 일에는 노력이 따랐지만 그만큼 확실히 내 것이 되었다.

운동은 계획을 실제 행동으로 옮길 때마다 에너지를 주는 활동이다. 사업을 확장하고 투자를 결정하는 등 중대한 일을 추진할 때는 체력과 끈기가 힘을 발휘한다. 꾸준한 운동 습관으로 집중력이 높아지고 스트레스가 줄며 판단력이 향상했음을 절절히 느낀 적이 한두 번이 아니다. 물론 영양과 건강에도 신경 쓰게 되면서 삶의 질도 전반적으로 높아졌다.

아침의 고유한 시작 에너지는 인간을 최상의 상태로 올려놓는다. 잠을 자고 나면 정신이 맑아지고 신체는 피로가 풀려 움직일 힘을 얻으며 의지력이 최고조에 달한다. 이때 아침 루틴을 실행하면 최상의 상태를 하루 종일 유지하며 자연스럽게 최고의 기량을 발휘하게 된다. 그야말로 황금과도 같은 '골든 모닝'인 것이다. 아침은 황금 같은 기회를 품고 있어 아침 시간을 잘 활용하면 부와 성공을 끌어당긴다.

단 5분이라도 아침 루틴을 매일 실행하는 사람과 하지 않는 사람의 미래는 판이하게 다르다. 처음에는 사람이 습관을 만들지만, 나중에는 습관이 사람을 만든다. 이는 불변의 진리다. 특히 아침 루틴이 핵심 습관이 되어 다른 많은 성공 습관을 쌓으면 이는 곧 강력한 실행력을 이끌어내는 뿌리가 된다. 바로 이것이 나를 비롯한 많은 성공자가 아침에 집착할 수밖에 없었던 이유다. 아침에 일어나서 단 몇 분을 어떻게 보내느냐에 따라 하루가 달라진다. 그런 하루가 모여 당신의 인생이 완벽하게 변화할 것이다. 내가 바로 그 증거다. 나는 아침을 제대로 활용해서 인생 역전을 이루고, 완전히 다른 사람으로 다시 태어났다.

그런데 성공자 1000명의 사례를 더 깊게 공부하면서 알게 된 것이 또 있다. 그들이 모두 결핍에서 출발했다는 것이다. 성공자 중에 사는 내내 탄탄대로만 걸었던 사람은 단 한 명도 없었다.

결핍을 풍요로 바꾸는 아침 성장의 마법

결핍은 우리를 성장하게 만드는 좋은 도구다. 모자란 것이 없으면 사람은 현실에 안주하거나 게을러진다. 하지만 모든 유용한 도구가 그러하듯 결핍도 양날의 검을 가졌다.

결핍이 불러일으키는 심적 불안은 자칫 인생을 망가뜨릴 위험도 있다. 그러나 이를 성장의 동력으로 치환할 수만 있다면 빛나는 에너지원이 된다.

이제까지 살면서 결핍 없는 사람은 본 적이 없다. 그런데도 대부분의 사람은 결핍을 가리고 숨기기에 급급하다. 그러느라 종종 자신이 뭘 가졌는지도 깨닫지 못한다. 하지만 자기 결핍을 직시하는 소수의 사람은 자신이 가진 것을 정확히 안다. 이렇듯 성공자들의 전략은 자기 결핍을 발견하고 직시하는 데서 시작한다. 그러고 나서 채울 수 있는 결핍과 채울 수 없는 결핍을 구분한다. 성공한 사람들의 특징 중 하나는 '내게 있는 것'을 정확히 인식하고 그것을 도구로 사용하는 데 있다. 채울 수 없는 결핍은 더 큰 성장을 위한 기준점이자 동력으로 삼고, 채울 수 있는 결핍은 내게 있는 것을 무기 삼아 전략적으로 훈련해서 습관으로 만드는 것이다.

그러나 많은 사람이 '내게 없는 것'을 쫓다가 실패한다. 관점을 조금 바꿔 있는 것에 집중하면 어떨까. 당신은 당신이 생각하는 것보다 훨씬 많은 것을 가지고 있으며, 이것을 깨닫는 순간 다시 일어설 도구 하나를 발견할 수 있을 것이다.

나는 어려서부터 난독증이 있었고 말도 어수룩한 편이었다. 또래보다 공부에 늦된 편이었기에 자연스레 읽기나 말하기에 대한 결핍이 생겼다. 결핍이 큰 만큼 성취욕이나 열정이 커졌다. 물론 열등감이나 시기심도 생겨났다. 하지만 나는 내가 할 수 있는 일, 즉 채울 수 있는 결핍에 주목했다. 능력이 모자라면 노력하는 게 당연하다고 생각했다. 친구들이 책을 한 번 읽을 때, 나는 다섯 번을 읽었다. 내게 빠릿빠릿하게 글을 읽는 능력은 없었지만, 진득한 뚝심은 있었다.

완전하지 못한 나를 있는 그대로 받아들이고 두세 배 노력하며 살다 보니 결핍은 꽤 유용한 성장 도구가 되었다. 사람들 앞에서 말 한마디 쉽게 하지 못하던 나는 수천 명 앞에서 성장 노하우를 강연하는 사람이 되었고, 영어·프랑스어·일본어로 전 세계 사람들과 무리 없이 소통하는 사람이 되었으며, 아침에 책을 한 줄이라도 읽지 않으면 하루를 시작할 수 없는 사람이 되었다. 이렇게 '채울 수 있는 결핍'은 '내게 있는 것'을 반복적으로 훈련해서 습관으로 만들면 극복할 수 있다. 책 한 권을 제대로 읽지 못했던 내가 최고의 위치에 오른 비결은 바로 독서를 습관으로 만든 데 있다. 습관의 힘은 채울 수 없는 결핍을 뛰어넘을 만큼 강력하다.

물론 결핍에서 출발하는 성장은 더디게 느껴질 수밖에 없다. 요행이나 운에 맡기지 않는 한, 단기간에 쉽게 성장을 얻기는 어렵다. 성장에는 반드시 절대 시간이 필요하다. 적어도 몸에 습관을 배게 하는 과정에서 폭발적 성장을 기대해서는 안 된다. '고위험 고수익'의 성장은 없고 '저위험 저수익'의 성장만이 유의미하다. 5분도 걷지 못할 만큼 체력이 바닥을 친 상태에서 마라톤을 뛸 수 없는 것과 마찬가지다.

인간에게는 다양한 능력이 있다. 시시각각 변화하는 현대사회에서는 변신에 가깝도록 자기 자신을 바꾸는 카멜레온 같은 능력이나, 전례 없는 창의력으로 새로운 트렌드를 만드는 유니콘과 같은 능력이 주목받는다. 하지만 인간이 가진 가장 귀한 능력은 매일 매일 조금씩 성장하는 거북이 같은 능력이라고 본다. 사회가 어떤 모습일지라도 꾸준히 매일 해내는 사람을 당해낼 수는 없다.

아인슈타인은 복리의 법칙을 '세계 8대 불가사의'라고

표현했다고 한다. 그 정도로 기적이나 마법처럼 상상을 초월한다는 말이다. 처음에는 작은 눈덩이일지라도 계속 굴리면 결국 큰 눈덩이가 된다. 은행에 돈을 예금하면 이자가 붙고 거기에 이자가 계속 쌓이면서 수익이 놀랍게 증가한다. 나는 성장 역시 복리의 법칙을 따른다고 믿는다.

워런 버핏이나 당신이 존경하는 그 어떤 위대한 인물처럼 되려면 이번 인생이 끝나고 다시 태어나야 된다고 생각했던 때가 있다. 하지만 성장은 복리로 쌓이기에 시간이 지날수록 기하급수적으로 증폭된다. 3년 혹은 10년 후에 돌아보면 나는 정말 같은 사람이 아니었다. 아주 작고 소소하게 그리고 즐겁게 노력했을 뿐인데 돌아보면 엄청나게 멀리 와 있다는 것을 확실하게 느낄 수 있다. 내 주변에서도 많은 사람이 이러한 변화와 성장의 경험을 증언해 주었다.

복리의 법칙과 함께 자주 언급되는 사례가 수련의 성장이다. 수련은 매일 두 배씩 성장한다고 한다. 처음에는 아주 조금씩 자라지만, 29일째가 되면 연못의 절반을 덮고 30일째가 되면 연못 전체를 덮는다. 하루 20분의 성장도 그렇다. 매일 조금씩 아주 재미있게 성장하다 보면 비록 지금은 상상 불가능한 결과라고 해도 당신이 할 수 있는 최대치를 계속 능가하며 성장할 수 있다.

성장하려는 인간에게 아침이나 하루가 있다는 사실은 축복이다. 의욕이 너무 앞서면 초기에 전력 질주하게 된다. 인생이라는 마라톤에서는 누구에게나 24시간이라는 중간 결승선이 주어진다. 완주하기 위해서는 장기적 시각을 갖고 체력과 의지를 적절히 안배해야 한다. 그런 의미에서 하루, 특히 아침은 좋은 성장의 단위다.

성장하는 사람에게는 매일이 자기를 연마하는 학습장이 된다. 다른 특별한 비결은 필요하지 않다. 무리하지 않는 선에서 꾸준히 실천하면 인생에 좋은 습관이 쌓인다. 그리고 이런 노력은 복리 성장하며 수십수백 배로 갚아준다. 게다가 성장의 과정을 즐기고 곱씹어 보는 사람은 성공의 영광을 차지하기까지의 여정 내내 행복을 경험한다.

결핍을 풍요로 바꾸고 싶다면 단연 황금 같은 기회를 품은 아침 시간, 골든 모닝에 주목하라.

좋은 잠으로
완벽한 아침을 꿈꾸라

오래 자면 피로가 풀린다는 착각

아침에 일찍 일어나 하루를 활기차게 시작하는 게 중요하다는 점에는 많은 이가 동의한다. 하지만 더 많은 이가 아침에 일찍 일어나는 게 쉽지 않다고들 말한다. 정답은 쉽다. 잘 자야 잘 일어난다. 내가 수년째 이른 기상을 하며 절실히 깨달은 비법이다. 좋은 잠은 아침 습관을 시작하는 가장 쉬운 방법이자, 아침의 효과를 최대로 누리는 길이기도 하다. 그러니 당신의 잠을 먼저 돌보기 바란다. 잠을 더 잘 이해하고 잠에 관한 생각을 바꿔라.

해 뜨면 일어나고, 해 지면 잠드는 패턴에 맞춰진 생체 시계는 수만 년간 지속되어 온 인간 몸의 시스템이다. 뇌는 낮에 정보를 수집하고 밤에 정보를 저장하기에, 아침에는 정보를 적극적으로 찾아 나서고 밤에는 휴식하려 한다. 자연의 순리에 역행하면 반드시 탈이 난다. 이러한 생체리듬에 최대한 협조하는 것이 하루를 알차게 사는 기본이다. 하지만 현대인의 생활 습관은 밤늦게까지 활동하는 쪽으로 바뀌었다.

그래서인지 피로나 스트레스를 몰아서 자는 잠으로 해소하려는 이들이 적지 않다. 현대인은 대부분 잠이 부족하기에 주말이나 휴무일에 몰아서 자려는 보상심리가 있다. 하지만 음식을 많이 먹을수록 위장이 늘어나듯이 잠도 잘수록 늘어난다. 결국 과잉 수면으로 이어지기 쉬운데, 과도한 수면은 오히려 피로감을 가중한다.

오래 잠을 잘수록 체온이 떨어지는데, 체온 저하는 무기력증과 피로감의 직접적인 원인이 된다. 또한 장시간의 수면은 뇌의 신경전달물질을 교란해 두통과 어지럼증을 유발하기도 한다. 누워 있는 시간이 늘어남에 따라 신체 활동량이 줄어들고 엔도르핀 수치가 감소하며 침울한 기분에 시달리기도 한다. 엔도르핀은 모르핀보다 200배 강한 천연 진통제로 통증을 억제하며 마음을 안정시키는 효과가 있다.

무엇보다 과도한 수면은 생리나 대사, 행동 그리고 노화 등의 주기적 변동을 담당하는 생체시계에 혼란을 초래한다. 당신이 주말에 늘어지게 자고 나서도 피곤한 이유가 바로 여기에 있다. 나 역시 사업 초기에는 잠을 아꼈다가 몰아 자는 습관이 있었지만, 이 사실을 안 뒤로는 패턴을 바꾸었다.

관건은 과하지도 모자라지도 않은 충분한 수면 시간이다. 가까운 과거에 '사당오락'이라는 말이 유행했다. '네 시간 자면 시험에 붙고 다섯 시간 자면 시험에 떨어진다'라는 통념은 잠을 게으름의 상징처럼 여겼다. 그러나 잠은 학습에 절대로 요긴하다. 잠은 단순히 피로를 풀고 몸을 회복할 뿐 아니라 하루 동안의 학습, 경험 등을 장기 기억에 저장해 그날 공부한 내용을 더 잘 기억하게 만들기 때문이다.

수면은 렘수면과 비非렘수면으로 나뉜다. 렘rapid eye movement, REM수면은 수면 중에 안구가 빠르게 움직이는 잠의 상태를 말한다. 이때 대부분의 꿈을 꿔 '꿈 수면'이라고도 한다. 수면 중에도 뇌가 깨어 있으면서 불편한 감정과 스트레스를 해소하고 기억력, 사고력 등을 증진한다.

안구가 움직이지 않는 잠의 형태인 비렘수면은 총 4단계로 구분된다. 성인은 일반적으로 잠이 들면 비렘수면 상태에 돌입해 얕은 수면인 1~2단계를 거쳐 비교적 깊은 수면인 3~4단계에 이르렀다가, 잠든 지 약 90분 후 최초로 렘수면으로 빠져드는 뇌파 활동을 보인다. 그리고 약 90~120분의 수면 주기를 하룻밤에 약 3~5회 반복한다. 많은 전문가가 이 주기를 이용해 적절한 때에 일어나기를 추천한다. 사이클이 끝나는 시점인 렘수면 후에 깨는 것이 가장 개운해서다. 하지만 내가 볼 때 가장 중요한 것은 잠에서 깼을 때는 물론이고 잠들기 전부터 행복한 기분으로 일어나려고 의식적으로 노력하는 것이다. 잠들기 전에는 비우기 시각화(수면 명상)를 추천한다. 내 유튜브에서 영상을 볼 수 있는데 도움이 되길 바란다.

렘수면의 질을 높이려면 충분한 수면 시간을 확보해야

한다. 그리고 무엇보다 렘수면을 촉진하는 시간에 잠을 자야 한다. 세계보건기구WHO가 권장하는 일반 성인의 적정 수면 시간은 7~9시간이다. 하지만 하루 적정 수면 시간은 연령대별로, 개인별로 차이가 있다고 한다. '철의 여인'이라는 별명을 가진 영국 최초의 여성 총리 마거릿 대처는 하루 4시간을 잤고, 아인슈타인은 하루 10시간 잠을 잤다고 한다. 빌 게이츠는 특별히 잠의 중요성을 높이 평가하면서 창의적 사고를 위해서는 7시간을 자는 것이 좋다고 말했다. 그러니 자신에게 맞는 적정한 수면 시간을 찾는 것이 바람직하겠다. 아침에 일어났을 때 개운하고 낮 동안 피곤해하지 않으면서 활동할 정도면 좋다.

다만 수면의 골든타임을 생활화할 필요는 있다. 동양에서는 약 밤 11시부터 새벽 4시까지를 호랑이 등의 산짐승과 혼령, 즉 귀신이 활동하는 시간으로 봤다. 그리고 그 시간에는 가능한 한 어떤 일도 하지 않고 휴식했다. 이러한 동양의 생활 습관이 얼마나 건강에 이로운지를 미국의 신경과학자이자 스탠퍼드대학교 의학전문대학원의 앤드루 휴버먼Andrew Huberman이 과학적으로 증명한 바 있다.

휴버먼은 밤 11시부터 새벽 4시까지 잠을 자야 하는 생리학적 이유를 설명하며 '인간의 눈은 뇌의 일부'라고 강조한다. 그의 연구 결과에 따르면, 밤 11시부터 새벽 4시에 빛을 보게 되면 뇌에서 도파민을 억제한다고 말한다. 도파민은 우리의 기분을 좋게 하는 대표적인 신경전달물질 중의 하나로 성장 욕구와 의욕, 성취감, 행복감 등을 유발하는 일을 담당한다. 수면의 골든타임을 놓쳐 도파민이 부족해지면 건강에 부정적인 영향을 미친다.

건강한 수면 습관을 위해서는 밤에 너무 늦게 잠들지 않도록 생활을 관리해야 한다. 또한 아침에는 매일 같은 시간대에 일어나서 생체리듬의 효율을 극대화하면 좋다. 처음부터 무리하지 말고 지금보다 딱 20~30분만 일찍 일어나기 바란다. 이 책에서 제안하는 루틴도 20분으로 설정했다.

그런데도 어쩔 수 없는 사정으로 쉬지 않고 일주일간 밤낮없이 일하는 사람도 있을 것이다. 생계 때문이든 일이 좋아서든 이런 생활이 축적되면 뇌와 심장에 큰 무리를 줄 수 있다. 이런 분들에게는 황금 같은 낮잠, 즉 파워냅power nap을 추천한다. 20분을 초과하지 않는 이 낮잠은 빠르게 기력을 회복해 바쁜 일상의 활력을 보장하고, 기억력과 집중력을 향상시킨다. 실제로 대다수의 성공자가 낮잠을 생활화하고 있다.

다만 낮잠이 렘수면으로 이어져서는 안 된다. 20분 이상의 낮잠은 밤잠을 망치는 지름길이다. 또 학생이 수업 시간에 몰래 팔을 괴는 것처럼 불편한 상태로 잠깐 조는 것은 파워냅으로 기능하지 않는다. 이런 쪽잠은 스트레스 냅stress nap이라고 한다. 이는 피로 해소에 도움을 주지 않고 오히려 근육의 긴장도를 높일 위험이 있다. 가장 편안한 자세로, 안대를 이용해 빛을 차단한 뒤 10~15분 잠깐 눈을 붙이는 것만으로도 우리 몸은 활기를 회복한다. 나는 종종 점심 식사 후 10분간 파워냅을 실천하며 활력을 유지하고 있다.

부정적 에너지를 내일로 가져가지 않는다

공부를 잘하기 위해서 학습에 적합한 환경을 조성하는 것이 중요하듯, 최적의 수면을 위해서는 수면에 최적화된 환경이 필요하다. 나는 가능한 한 침실에는 잠잘 때만 출입한다. 그리고 침대와 침구, 조명과 음향 기구, 약간의 식물만을 두고 수면 활동에 무관한 전자제품이나 가구는 들여놓지 않는다. 특히 휴대전화를 절대로 침대 가까이에 두지 않는다. 침실을 오직 잠자기 위한 공간으로 뇌에 각인시키기 위해서다. 아무리 일정이 바빠도 되도록 밤 11시에는 잠자리에 든다.

아침에 일찍 일어나려면 저녁에 몸과 마음을 최대한 비우는 것이 좋다. 나는 잠자기 네 시간 전에는 식사를 마치고 공복을 유지한다. 위장을 비롯해 몸속 장기가 충분히 휴식할 수 있도록 배려하는 차원이다. 물리적인 독소 배출뿐 아니라 감정적인 독소 배출 역시 중요하다. 나는 하루 동안 쌓인 스트레스와 부정적인 에너지를 잠들기 전에 반드시 해소한다.

생각이 많은 우리는 걱정도 많다. 혹여나 진행 중인 프로젝트가 망해버리면 어떻게 하나, 열심히 일하다가 암이나 불치병에 걸리면 어떻게 하나, 남편과 자녀에게 혹여라도 사고가 나면 어떻게 하나, 아직 일어나지도 않은 일을 미리 걱정하며 시름에 휩싸인다. 불안이나 스트레스로 쉽게 잠들기 어렵다면 반신욕을 하거나 간단한 스트레칭을 하는 방법도 좋다.

내가 가장 추천하는 방법은 시각화다. 특히 비우는 과정이 중요하다. 나는 부정적인 생각이 들면 가능한 한 바로 흘려보낸다. 머리를 가볍게 흔들면서 고슴도치의 바늘이 밖으로 튕겨나가는 모습을 상상하고, 내면을 불안하게 하는 생각과 근심을 흘려보낸다. 그런 다음 그와 반대되는 희망찬 일들을 상상하며 머릿속을 채운다. 예를 들어, 백 년 후에 아직 태어나지도 않은 미래의 젊은이들이 내가 만든 회사에서 열정적으로 일하고 있는 상상을 한다. 그러면 신기하게도 내면에 산뜻한 순풍이 불어온다. 사람은 생각대로 살게 되어 있다. 부정적인 생각으로 가득한 사람은 부정적으로 산다. 반대로 긍정적으로 사는 사람은 어떤 상황에서도 성장한다.

이후에는 내일 해야 할 일과 약속을 훑어본다. 훑어보는 것만으로 잠재의식은 내일 해야 할 일을 대비한다. 아침에 눈을 뜨자마자 오늘 할 일의 청사진이 자연스럽게 그려져 오늘을 기대하게 된다. 좋은 잠으로 완벽한 아침을 꿈꾸라.

2부

최대치에 도전하는 자들의
인생 황금률

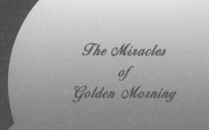

The Miracles
of
Golden Morning

당신 인생의
선장은 누구인가

시간이 부자를 만든다

당신은 부자가 되고 싶은가? 부자란 무엇이라고 생각하는가? 나는 부자란 내가 하고 싶지 않은 일은 안 할 수 있는 사람, 내가 하고 싶은 일에 충분한 시간을 쓸 수 있는 사람이라고 생각한다. 어떤 이는 돈만 많고 시간이 없을 수 있다. 또 어떤 이는 시간만 많고 돈이 없을 수도 있다. 돈도 시간도 많은 부자가 진정한 부자다. 그렇기에 부자가 되려면 시간 관리는 필수다.

시간과 돈은 그 속성이 유사한 측면이 있다. 돈과 마찬가지로 시간도 흘러가는 속성이 있어 가둬두거나 영원히 붙잡아둘 수는 없다. 돈과 시간은 지배하는 것이 아니라 잘 흘려보내야 하는 것이다.

돈은 흘러들어 오고 흘러나가는 것이라 내 그릇만큼 고이고 흘러간다. 거머쥐려고 하면 오히려 담기지 않는다. 돈은 잘 관리해야 하는 것이고, 사람을 사랑하고 지구를 사랑하는 마음의 크기를 키우면 거기에는 더 큰돈이 담길 수밖에 없다. 돈의 그릇을 키우면 돈이 많이 담기는 것처럼 시간도 마찬가지다. 시간 그릇을 키우면 내가 주도할 수 있는 시간이 양적·질적으로 늘어난다. 삶에 여유와 평안함이 늘 넘쳐흐르게 된다.

부자가 되고 싶다고 해서 돈에 끌려다니면 안 된다. 물론 돈에 쫓겨서도 안 된다. 다른 사람들이 다 하니까 '주식을 해보자' '펀드를 해보자' 한다거나 내 상황과 맞지 않은데 무리하며 쫓아가서는 안 된다. 쫓아간다는 것 자체가 부의 이동을 의미하고, 이는 곧 그 부를 잡을 수 없게 되었음을 뜻한다.

시간도 마찬가지다. 시간에 끌려다녀서도 쫓겨서도 안 된다. 내가 아닌 다른 사람의 욕망을 채우는 데 내 시간을 쓰거나 알맞은 시간을 들이지 않은 채로 성급하게 결과를 내려고 해서도 안 된다. 시간을 잘 관리하면서 중요하고 의미 있는 일에 시간을 더 쓰기로 하면 그만큼 시간의 양적·질적 가치가 높아진다.

누구나 경제적 자유를 꿈꾼다. 경제적 자유를 위해서 열심히 사는 일은 정말로 중요하다. 그러나 열심히 산 순서 대로 부자가 되거나 경제적 자유를 누릴 수 있는 것은 절대로 아니다.

사업에 대차게 실패하기 전까지 나 또한 열심히 사는 것이 성공의 진리라고 여기며 살았다. 하지만 계획 없이 노력만 할수록 더 가난해지고 지쳐갈 뿐이었다. 부자들이 가진 부의 도구를 몰랐기 때문이다. 자신에게 주어진 자원을 최적으로 활용할 줄 알아야 한다. 우리에게 주어진 최적의 자원은 바로 시간이다. 부자든 빈자든 누구에게나 24시간이 주어진다는 것만은 우리가 부정하거나 불평할 수 없는 진리다.

부자가 된 사람들은 이 시간을 현명하게 사용한 사람들

이다. 예외는 없다. 특히 남들이 생각하기에 정말 빠르게 부를 이룬 사람들은 시간 활용에 '집착'해 마침내 시간을 자기편으로 만든 사람들이다. 돈의 주인이 되려면 먼저 시간의 주인이 되어야 한다.

세일링 요트를 타고 여행하다 보면 다양한 국적의 사람들을 만난다. 세일링 요트 여행은 한 가지 특별한 문화가 있는데, 바다에서 만나는 여행자와 바로 친구가 된다는 것이다. 한번은 환갑을 바라보는 프랑스인 부부를 만났다. 이런저런 이야기를 나누다 보니 대화가 썩 잘 통했고, 그들의 평화롭고 안정적인 에너지에 내 마음마저 편해지는 것을 느꼈다. 각자의 목적지를 향해 마지막 인사를 나눌 때 그들에게 질문했다.

"무척 행복해 보이네요. 행복의 비결이 뭔지 제 딸에게 알려주실 수 있나요?"

"행복은 도전하는 삶이지요. 만약 인생을 다시 산다면 10년을 더 앞당겨 세계 여행을 떠날 것입니다. 인생 10년은 무엇과도 바꿀 수 없는 가치예요. 자동으로 돈이 들어오는 시스템, 명확한 경제적인 목표를 세우고 그 목표에 도달하면 즉시 떠나야 합니다. 딱 내가 쓸 만큼만 벌고 인생을 즐기세요."

두 부부는 55살까지 일하고 여행을 시작했다. 돈을 충분히 벌었는데도 더 벌기 위해 10년이나 일에서 헤어 나오지 못한 것이 가장 후회된다고 말했다. 부부의 말을 정리하면 경제적 자유도 중요하지만 '시간 부자'가 되어야 한다는 것이다. 당신이 생각하는 최종 목표에도 반드시 시간 부자가 있어야 한다. 그렇지 않으면 일의 굴레에 영영 갇히게 된다.

시간 부자가 되는 길, 시간의 주인이 되는 길은 단연코 아침 시간 활용에 달려 있다. 아침 활용의 기술을 전하는 이 책은 결국 당신의 시간 그릇을 키우기를 바라는 마음에서 쓰였다고 해도 과언이 아니다. 그만큼 아침 시간은 부와 성공의 결정적 단초다. 내가 소개한 아침 활용의 기술을 시간 그릇 키우기라는 더 큰 맥락에서 바라보기를 바란다. 아침부터 허둥거리고 일정에 쫓겨 떠밀리듯 움직이는 사람은 점심도, 저녁도 그 패턴으로 살게 된다. 아침을 장악하는 사람은 점심도, 저녁도 자기 의지대로 산다. 그렇게 하루의 주인이자 인생의 주인공이 된다.

나 역시 아침 시간을 통해 잠재의식에 꿈을 새겨 넣으며 단 5년 만에 거대한 성공을 이뤘다. 애초에 목표한 수치를 수십 배 넘어선 성취였다. 매분 매초 꿈을 이루는 데 전념한 결과다. 그렇게 시간을 주도하게 된 끝에 경제적 자유를 얻었다. 그러던 어느 날, 원하는 만큼 돈을 벌고도 계속 더 벌려고 하는 나 자신을 발견했다. 나뿐이 아닐 것이다. 많은 사람이 쉴 줄을 모른다. 더 이상 돈을 버는 데 내 시간을 써서는 안 되겠다는 깨달음이 찾아왔다. 내가 진정 원하는 삶은 지금보다 더 성장하는 삶이었다. 그때를 전환점으로 회사를 전문 경영인에게 맡기고, 가족과 함께 1년간 요트를 타고 세계 여행을 떠났다.

바다 위에서는 태양도, 달도 두세 배 더 커 보인다. 보이지 않던 내면의 목소리도 들린다. 시간은 천천히 흐르고 내 곁에 있는 사랑하는 이의 숨결이 더 감사하게 느껴진다. 도시의 소음이 허락되지 않는 망망대해에서는 시간의 숨결도 온전히 느껴진다. 시간이 긴 꼬리로 포물선을 그리며 저 멀리 사라지는 모습이 보인다.

사람이 죽기 전에 후회하는 것은 직업적·경제적 실패가 아니다. 죽음은 한정된 삶에서 우리가 최우선으로 삼아야 할 가치가 무엇인지를 깨닫게 한다. 억만금을 가진 사람이라도 임종 시 손을 잡아줄 단 한 사람이 없다면 그의 삶이 성공했다고 말할 수 있을까. 나이가 들수록 죽음을 구체적으로 생각하게 된다. 그럴 때마다 오로지 사랑했던 사람들과 함께했던 찰나만이 꺼지지 않는 빛으로 남는다. 사랑하는 사람과 더 많은 시간을 보내지 못하면 이것만큼 후회되는 일도 없다. 지금 당신의 시간은 어디를 향해 흐르고 있는지 반드시 점검해 보라.

기다리기만 하는 자는 기회를 낚지 못한다

성공하기 전보다 더 바쁘게 살고 있지만 성공하기 전과 성공한 후의 시간은 그 차원이 다르다. 시간 부자가 되었기에 하기 싫은 일은 하지 않을 수 있고, 가족과 함께 여행하고 책을 쓰며 강연도 하고 유튜브도 할 수 있다. 이는 회사를 '내가 없어도 잘 돌아갈 수 있게' 만들어놓은 덕분이다. 거듭 말하지만 이 성취의 단초는 아침 시간을 활용해서 시간 그릇을 키웠기 때문이다. 이렇게 시간 그릇을 키우는 동시에 반드시 수반되어야 할 일이 있다. 바로 절호의 시간을 잡아채는 능력이다.

대어는 큰물에서 노니 대어를 잡으려면 큰물로 가야 한다. 더욱 커진 시간 그릇에서 내 인생에 획기적인 변화를 가져올 시간을 낚아채야 한다. 이것이 바로 '기회'다. 운이 들어오는 때에 자신이 목적한 바를 달성할 수 있게 노력을 집약해야 하는 시간이다.

당신은 지금 인생의 어느 시기를 지나고 있는가? 만약 청춘의 심장이라 불리는 20대로 되돌아간다면 어떻게 살겠는가? 20대로 돌아가게 된다면 더 많은 걸 경험하기 위해 애쓸 것이다. 그리고 더 많은 기회를 찾아 나설 것이다. 나 역시 20대에 다양한 경험을 했고, 나 자신에게 더 좋은 기회를 주기 위해 노력했다. 당신이 진정 인생의 변화를 원한다면 할 수 있는 건 모두 경험해야 한다.

경험은 기회를 얻는 마중물이다. 기회를 만들려면 다양한 경험을 쌓는 게 우선되어야 한다. 가만히 앉아서 기회가 오기를 바라는 것은 그루터기에 앉아 먹이를 기다리는 무능한 사냥꾼과 다르지 않다.

하지만 많은 사람이 '자신에게 기회가 오지 않는다'라거나 '그 기회는 너무 오래 기다려야 한다'라고 말하며 아무것도 하지 않는다. 이는 완벽한 착각이다. 기다리기만 하는 자는 기회를 낚아채지 못한다. 굳이 기회를 기다리지 않아도 삶의 곳곳에는 기회가 널려 있다. 다만 그것을 기회라고 보는 혜안이 없는 것이다. 이런 사람은 기회가 오더라도 기회인지 알아차리지 못한다.

기회는 만들어가는 것이다. 기다림 끝에 오는 기회는 동화나 신화에 가까운 것이다. 실제 삶에서는 저돌적으로 기회를 만들어가야 문이 열린다. 이렇듯 당신이 창조한 기회는 오로지 당신을 위한 것이다.

기회를 만들라는 말에 담긴 속뜻은 두 가지다. 첫째는 평소에 사소하고 당연하게 생각한 것들을 다시 바라보라는 말이다. 기회는 멀리 있는 게 아니라 바로 옆에 있었다는 깨달음을 얻게 될 것이다. 둘째는 끊임없이 공부하고 다양한 방법을 구상하라는 의미다. 이는 기회는 오는 게 아니라 만드는 일임을 당신에게 일러줄 것이다.

'창조한 기회'는 사람을 만나거나 무언가를 직접 만드는 모든 활동이 포함된다. 주체성을 가지고 시도하는 모든 일은 기회를 만든다. 남이 시키는 일을 기계적으로 하는 사람은 기회를 만들지 못한다. 만일 당신이 건물 청소부라면, 내가 청소 하나만큼은 세계 최고로 잘한다고 자부할 수 있도록 자기만의 노하우를 개발해야 한다. 좋은 성적이나 평가를 위해 자기 자신을 쏟아 노력하는 일도 당신이 창조한 기회다. 다수에서 선택받는 일이기 때문이다.

나 역시 사업에 실패하고 난 뒤 직장을 구하려고 했지만, 사장 경력이 10년이나 되는 나를 쓸 회사는 없었다. 득보다 실이 많을 거라고 지레짐작했을 것이다. 2년의 암흑기를 보내고 세상에 나온 나는 호기롭게 사업을 구상했다. 아무도 나를 고용해 주는 이가 없다면 내가 나를 고용하겠다고 마음먹었다. 인생에 없던 기회를 만드는 일이었다. 특히 내가 외식업에 뛰어들리라고는 생각도 못 했다. 궁지의 재발견이었다. 궁지에 몰렸다고 포기하는 게 아니라 궁지에 몰린 덕분에 창조적인 기회를 스스로 지어낸 것이다. 그리고 그것은 기적으로 나타났다.

미래를 준비하는 일도 그렇다. 계획을 세우고 꾸준히 노력하다 보면 절호의 타이밍이라는 게 쌓이면서 그것이 기회를 만든다. 타이밍이 기회를 만든다. 타이밍을 적절히 활용하려면 시간의 주인으로 살아야 한다. 시간의 주인은 자기 인생을 주체적으로 사는 사람이다. 1초를 허투루 쓰지 않으려면 1초를 아껴 살아야 한다. 오직 시간에 집착하는 사람만이 1초를 흘리지 않는다.

당신이 진정 당신 인생의 선장이 되고자 한다면 시간 그릇을 키워 큰물에 나가라. 그리고 '기회'를 낚아채기 위해 그물을 넓게 펼치고, 성공을 맞아들일 길에 불빛을 환히 밝혀라.

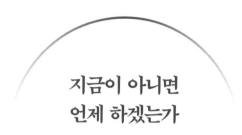

지금이 아니면
언제 하겠는가

돛을 올리는 것은 각자의 몫이다

중국 최초이자 최대의 전자상거래 플랫폼 '알리바바'의 창업자 마윈은 "세상에서 가장 함께 일하기 어려운 사람은 가난한 사람"이라고 말했다.

그 이유는 그들을 가난하게 만든 사고방식 때문이다. 그들은 '공짜'라고 하면 '함정'이라 하고, 작은 비즈니스로는 돈을 못 번다고 투덜대고, 큰 비즈니스는 돈이 없어서

할 수 없다고 한다. 또 새로운 걸 시도하자고 하면 경험이 없다고 하고, 전통적인 비즈니스는 어렵고 고루하다고 외면한다. 새로운 비즈니스 모델은 사이비라고 하고, 상점을 같이 운영하자고 하면 시간의 자유가 필요하다고 한다.

여기서 '가난한 사람'은 단순히 돈이 없는 사람을 가리키는 게 아니다. 매사를 끊임없이 부정적으로 생각하고, 적극적으로 행동하지 않는 태도를 가진 이를 말한다. 빈자의 인생은 한 번 실패했다고 비관하거나 요행을 바라면서 아무것도 하지 않고 기다리다가 끝이 난다.

반면 긍정적 태도는 어떤 특효약보다 다채로운 기적을 만든다. 혹자는 내가 그 많은 '실패'를 딛고 어떻게 성공했는지 의아해한다. 좋게 말하면 나는 여러 분야를 기웃대며 좌충우돌 살아왔다. 분명한 것은 패션을 배우다 그만두고 광고업을 하다가 빚더미에 오르는 등 실패라고 여겨졌던 모든 경험이 지금의 나를 만드는 데 도움이 되었다는 사실이다. 켈리델리 사업을 포함하여 지금 내가 세상에 펼쳐 보이는 여러 활동에는 그간 내가 쌓아온 역사가 담겨 있다. 실패도 성공만큼 값진 경험이었고, 경험은 기회로 이어졌으며, 성공 가능성을 높였다.

이렇게 내가 절대 좌절하지 않았던 것은 실패나 위기에 굴하지 않고 긍정의 생각을 품게 된 덕분이다. 목표를 향해서 가다 보면 수많은 시행착오를 겪는다. 그래서 성공은 곧 견디는 힘이다. 성공하기까지의 시간을 인내와 끈기로 버티는 역량이다. 나는 시행착오를 겪을 때마다 절망하기보다 매일 뜨겁게 다시 떠오르는 태양처럼 새롭게 결단했다. 신은 바람을 선물하지만, 바람이 두려워 숨을지 아니면 바람을 타기 위해 돛을 올릴지 선택하는 것은 각자의 몫이다.

시행착오를 어떻게 받아들이는지에 따라 일 그릇이 달라진다. 일은 누구나 하지만, 큰일은 아무나 하지 못한다. 그 일이 담길 그릇을 가진 사람만이 할 수 있는 일이다. 이것이 바로 일 처리를 잘하는 기술을 얻는 데 그칠 게 아니라 일 그릇을 키우는 일에 힘써야 하는 이유다. 일 그릇을 키우는 최고의 비결은 실패와 좌절을 통한 담금질이다. 실패하며 무너져도 무너진 곳에서 다시 일어나는 사람만이 그릇을 키울 수 있다. 유명한 속담처럼 거친 파도가 유능한 뱃사람을 만든다.

성공자들이 공통으로 가진 견디는 힘의 바탕에는 긍정

의 사고방식, 즉 '웰씽킹'이 있다. 성공자들은 자신의 비전
과 목표에 초점을 맞추고, 축적된 부에서 오는 피상적인
화려함이나 세상의 소음에 흔들리지 않는다. 또한 성장의
기회를 놓치지 않고, 한시도 자기계발을 게을리하지 않으
며, 끊임없이 가슴을 설레게 할 꿈을 찾는다. 무엇보다 선
한 영향력으로 타인과 사회에 공헌하며 인격적으로 완성
된다. 이런 사람은 삶의 과정에서 부딪히는 무수한 실패에
좌절하거나 두려워하지 않고, 끈기와 인내를 발휘해 더 큰
성장의 기회로 삼는다.

끈기와 인내가 있는 사람은 어떤 암흑 속에서도 빛을 본
다. 모두가 안 된다고 할 때 되는 방향을 궁리하고 쉽게 비
관하거나 부정하지 않는다. 진짜 강한 사람들은 낙관하고
긍정한다. 그 긍정 속에서 자신과 세상을 근본적으로 변화
시키는 새로운 패러다임, 웰씽킹이 창조된다.

생각을 행동으로 바꾸는 지렛대, 성공 습관

아침은 부정적 기운을 털어내고 새롭게 시작하는 데 최

적화된 타이밍이다. 각 분야에서 최고가 된 소위 성공자들은 크고 작은 결단을 내려야만 하는 결정권자인 경우가 많다. 조직의 결정권자들은 최선의 선택을 내리기 위해 주로 아침 시간을 활용한다.

그들은 몸과 정신을 최고의 상태로 끌어올리기 위해 매일 아침 몇 가지 루틴을 빠지지 않고 지킨다. 이를 통해 외부에서 촉발되어 침입해 들어오는 상황이나 부정적인 생각에 끌려가지 않고 주체적으로 하루를 사는 바탕을 만들어냈다. 그 결과 어떤 문제에서도 감정적으로 타인을 탓하지 않는다. 탓할 시간에 오히려 의사소통의 기술을 높이기 위해 고민한다. 합리적으로 원인을 분석하고, 자신이 통제할 수 있는 것에 집중한다. 아침에 자기 자신의 능력을 긍정할 수 있는 바탕을 아침에 일군다.

유럽에서 '성공한 여자' '가장 부유한 여자'와 같은 수식어로 나를 설명하는 강연이나 영상 콘텐츠 제작 요청을 수시로 받는다. 이런 요청이 올 때마다 성공과 부의 화려함보다 그 이면, 그러니까 내가 숱한 실패 위에 성공을 쌓아올렸다는 사실을 보여주려고 애쓴다. 나는 내가 특별한 사람이 아니라는 걸 잘 알고 있다.

성공한 사람을 우러러보기만 해선 안 된다. 무엇이 그들을 거인으로 만들었는지 그 뿌리를 봐야 한다. 나 역시 사업 실패 후 성공적으로 재기할 수 있던 것은 성공자들을 마냥 올려다보기보다는 그들에 대해 치열하게 공부한 덕이 크다. 그들의 성공 비결은 지칠 줄 모르고 긍정하는 사고방식과 이를 뒷받침하는 실천과 행동의 뿌리, 즉 습관에 있었다.

나는 성공자들처럼 생각하기 위해 우선 내 낡은 생각을 고쳤다. 일단 돈은 행복과 건강, 가족만큼이나 중요한 요소라는 걸 인정했다. 돈에 대한 부정적이고 불필요한 생각을 완전히 바꿔버린 것이다. 나는 이를 『웰씽킹』에서 체계화한 바 있다. 웰씽킹이라는 풍요의 생각을 잠재의식에 심고 깊게 뿌리내리게 함으로써 잠재의식을 바꾸고 나아가 삶을 바꾸고자 했다. 부와 성공을 위한 원대한 목표와 꿈, 긍정과 행복, 성공 이미지가 각인된 잠재의식은 상상할 수 없는 힘으로 우리의 목표와 꿈을 이루게 해주기 때문이다.

웰씽킹을 통해 자신의 에너지를 꿈이나 목표에 집중한 채 생각하게 되면 그 생각에 에너지가 더해져 의지와 열정이 타오른다. 이는 실천의 동력이 된다. 부는 생각에서 비롯되지만 생각을 실천으로 옮길 때만 실현된다. 철저한 계획이 있다는 전제하에 실천한다면 생각은 습관을 통해 가장 성공적으로 실현된다. 습관은 잠재의식에 각인되어 강력한 자동적 행동력과 지속력이라는 힘을 만든다. 끈기를 통해 일단 형성된 습관은 실천과 결단을 강력하게 촉구한다. 따라서 생각이나 꿈, 결심 등을 성과나 현실, 행동으로 이끌기 위해서는 습관의 힘이 필수다.

이렇듯 풍요와 번영을 창조하는 생각, 웰씽킹에는 행동이 수반되어야 한다. 그리고 습관은 풍요와 번영을 실현하고 축적하는 실천의 뿌리다. 이런 바탕 위에서 나는 성공자들의 루틴을 씹어 먹듯이 체화했고, 그 루틴대로 움직여 습관을 만들고 결국 목표를 이루었다.

특히 성공자들이 누구에게도 방해받지 않는 아침 시간에 빼놓지 않고 하는 중요한 행위가 있다. 바로 시각화다. 우리의 하루에는 여러 경우의 수가 있다. 경우의 수에는 부정적인 것과 긍정적인 것이 뒤섞여 있다. 성공자들은 아침에 최악의 상황을 그리지 않는다. 가장 성공적으로 오늘 하루를 보내는 모습을 그리며 뇌파의 흐름을 긍정적으로 유도한다. 뇌는 당신의 의지에 따라 방향성이 달라진다는 사실을 잊지 마라.

긍정적 마인드로 뇌파를 유도하는 것은 생체리듬에도 영향을 끼친다. 생명 유지에 필수적인 기초대사와 호르몬을 생성하거나 관리하는 데도 영향을 준다. 그렇게 우리의 몸과 마음에 긍정적 에너지가 새겨진다. 부정적인 모든 것을 털어내고 오직 긍정적인 경우의 수를 담아내는 시각화에 집중하는 것이 성공자들의 비결이다. 이것이 바로 내가 웰씽킹의 정수가 시각화라고 말하는 이유다.

인간은 자신이 실현할 수 있는 것만을 상상할 수 있다. 애초에 해낼 수 없는 것은 그려내지 못하는 것이 우리의 사고 체계다. 시각화는 내가 될 수 있는 최고 버전의 나로 매일매일을 각성하게 만드는 기술이다. 매일 자신의 이상적인 모습을 그리다 보면 자연스럽게 얻어지는 것이 있다. 자신을 더 깊게 이해하게 되고 귀하게 여기게 된다. 이 지점이 시각화를 통해 얻을 수 있는 최고 가치다. 궁극적으로 내가 누구인지를 알고 삶의 의미를 깨달아가는 것이다. 그러면 바라던 삶대로 살아가게 된다.

둘째는 기록이다. 그랜트 카돈은 "목표를 적고 매일 목표를 상상하라"라고 조언한 바 있다. 나와의 인터뷰에서 그는 자신의 이런 습관이 일종의 마법이라고 말했다. 아침에 일어나 펜을 들고 주변에 두었던 노트에 그때 떠오르는 꿈을 명확한 문장으로 써내려 간다. 그는 이 루틴을 일어나서, 잠자기 전에, 그리고 의욕이 꺾일 때마다 한다. 길을 잃었거나 번아웃이 왔거나 했을 때 수시로 하는 것이다. 예를 들어 "나는 500억 달러의 부동산을 소유하고 있다. 1만여 명의 직원이 나와 일하고 있다. 나는 미국 대통령 선거에 출마한다"와 같이 거대하고 엄청난 목표들이다. 이들은 모두 현재형 문장이다.

그가 덧붙이길, 그가 쓴 꿈은 컴퓨터에 기록해 둘 뿐 돌아보지 않는다. 오늘 아침에 쓰는 목표가 오늘 밤에 쓰는 목표와 다를 수 있다. 하지만 자기에게 중요한 목표들은 계속 떠올라 노트에 기록되고 여러 번 기록될수록 그 꿈들은 점점 더 커진다. 이와 유사하게 나는 '100일 동안 100번 꿈 쓰기'를 한다. 100번을 손으로 직접 쓰려면 20~40분 정도 걸리는데, 그만큼 정말 가고 싶은 곳에 잠재의식을 집중해 반드시 목표를 달성하는 방법이다.

그 외에는 독서와 운동이 있다. 사업가이자 강연가인 톰 콜리Tom Corley가 233명의 백만장자를 대상으로 한 설문조사에 따르면, 부유한 성공자들의 88퍼센트가 매일 최소 30분간 책을 읽는다고 한다. 또한 76퍼센트가 자전거 타기, 가벼운 러닝과 같은 유산소 운동에 매일 30분 이상 투자한다고 밝혔다.

당신은 어떤 습관을 갖고 있으며 어떤 습관을 갖기를 원하는가. 성공하는 습관은 웰씽킹을 삶에서 얼마나 체화했는지 스스로 가늠해 볼 수 있는 기준이자 삶의 지침인 황금률이 된다. 웰씽킹이 단순히 부나 성공만을 위한 통로가 아니라 인생에 좋은 습관을 쌓아나가며 성장과 공헌을 추구하는 가치임을 되새기기 바란다.

목표 달성 프로세스　　생각과 행동을 바꿔 잠재의식을 원하는 방향으로
이끌면 원하는 목표를 달성하기 쉬워진다.

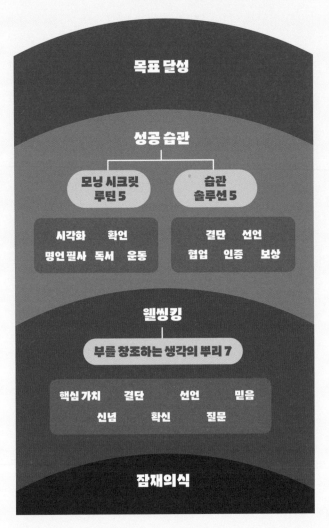

황금률 1:
인생을 경영하기 전에
시간을 경영하라

우선순위 설정의 힘

하루는 24시간이다. 이 시간의 역학을 벗어난 사람은 없다. 대성한 사람들은 공평한 24시간을 똑똑하게 활용해 보통 사람보다 수백 배의 성과를 낸다. 생산적인 성과는 절대로 우연히 만들어지지 않는다. 평범함에서 벗어나 최고가 되겠다는 마음가짐, 현명한 계획, 몰입과 집중, 피나는 노력 그리고 끈기를 뛰어넘는 탁월한 습관의 결과다.

강연가와 인플루언서로 활동하며 청중에게 내 성공 스토리를 들려줄 때마다 낮에는 와이셔츠 공장으로 밤에는 야간고등학교로 주경야독하던 시절이 종종 떠오른다. 내가 하는 일들이 다른 사람에게는 별 볼 일 없어 보였겠지만, 나는 강한 성공의 열망으로 시간에 대한 집착이 남달랐다. 그래서 '어떻게 하면 똑같은 시간에 더 빨리 더 많이 잘 만들 수 있을까?'를 항상 고민했다.

30년도 더 지난 와이셔츠 공장에 다니던 일과 세계적인 요식업 회사 경영이 무슨 관계가 있는지 되물을 수 있다. 하지만 분명히 관계가 깊다. 매 순간에 최선을 다하는 사람은 최고가 될 확률이 높다. 당신에게 성실함이 있고 최선을 다하는 책임감이 있다면 모든 건 시간문제다.

내가 시간을 어떻게 관리하는지 사람들은 대개 궁금해한다. 내 활동 범위를 보면 하루를 48시간으로 사는 것 아니냐는 궁금증을 자아내기에 충분하기 때문이다. 하루 24시간 중 생활 리듬이 최고조일 때 중요한 일을 수행하는 것이 내 시간 관리의 핵심이다. 내 컨디션은 언제나 아침 시간에 최고조다. 출근하기 세 시간 전에 일어나 '급하진 않지만 중요한 일'을 처리한다.

언뜻 보면 업무와 전혀 관계가 없다고 여길 수도 있으나 이 활동이 업무에 더욱 집중하게 만든다. 아침을 자기계발과 건강관리로 시작하면 하루의 흐름이 전혀 다르게 느껴져 활력을 얻기 때문이다. 출근하면 나와 조직이 성장할 수 있는 시스템을 갖추는 데 먼저 집중한다. 아주 중요한 업무가 아니라면 이메일, 전화, 메시지 등을 처리하는 일은 오후에 한다. 아예 알림을 울리지 않도록 설정해서 오전 시간이 방해받지 않도록 한다.

시간 관리를 잘하는 비법은 에너지의 원천이 있느냐 없느냐의 문제다. 그 원천은 눈을 뜨자마자 습관을 통해 자동으로 의지를 발휘한 하루에서 나온다. '일하는 시간을 버텨낸다'가 아니라 '일하는 시간을 통해 성장한다'가 되어야 한다. 자유시간이든 노동의 시간이든 의지대로 순간을 살아갈 때 시간을 관리할 수 있다.

존경받는 컨설턴트이자 리더십의 권위자인 스티븐 코비Stephen Covey는 말했다. "시간 관리의 핵심은 이미 적힌 일과 중에 무엇부터 할지를 정하는 것이 아니라, 우선순위의 일부터 일정에 넣는 것이다." 시간을 똑똑하게 활용하려면 우선순위를 알아야 한다. 자기 삶에서 무엇이 중요한지 정확히 아는 사람은 단 1초도 시간을 허투루 쓰지 않는다. 우선순위를 정해 시간을 관리하는 가장 효율적인 방법은 시간을 규모 있게 쓸 수 있도록 매뉴얼과 계획표를 만드는 것이다. 흔히 이를 '시간 관리 매트릭스'라 부른다. 나는 이를 차용하면서 습관의 중요성을 더해 '시간 습관 매트릭스'라고 부르겠다.

하루를 일생처럼 사는 시간 습관 매트릭스

생산성을 향상하고 싶다면 중요도에 따라 일을 처리해야 한다. 시간 습관 매트릭스에서는 일의 우선순위를 '중요성'과 '긴급성'에 따라 A·B·C·D의 네 가지로 분류하고 각 영역의 일을 어떤 습관을 통해 관리하거나 처리하는 것이 좋은지 제안한다. 흔히 급한 일을 중요한 일로 착각할 수 있지만, 급한 일이 반드시 중요한 일은 아니다.

A 영역은 급하면서 중요한 일이다. 갑작스러운 위기나 당면한 문제, 마감이 임박한 프로젝트, 긴급한 모임, 질병

**시간 습관
매트릭스**

시간 관리의 중요성은 누구나 안다. 시간을 어떻게 관리할지 행동 방식을 원칙이나 습관으로 분명히 해두면 좋다. A의 일은 긴급하고도 중요하지만 계속되면 지치기 쉽다. 우선해서 빠르게 수행하되, 가급적 미리 계획을 세워 대비해 나가야 한다. B는 중요하지만 긴급하지 않아 밀리기 쉽다. 구체적 수행 방법과 기간을 정해 이를 위한 시간을 확보해 나가야 한다. C는 긴급하게 느껴서 시간을 빼앗기기 쉽다. 잘 선별하여 위임할 줄 알아야 한다. D는 제거하거나 최대한 절제해 나가기를 권한다.

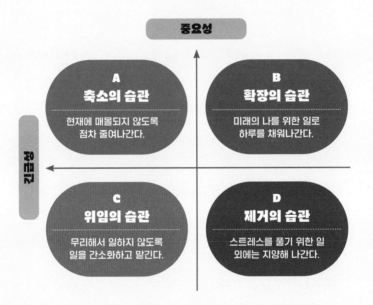

과 사고가 이에 해당한다.

B 영역은 급하지 않지만 중요한 일이다. 목표 설정(삶의 가치관 비전 확립), 운동, 건강관리, 자기계발과 학습, 잠재의식 계발을 통한 능력 향상, 자녀 교육, 가족과의 친밀한 관계 등이 여기에 속한다. 특히 아침 20분 루틴은 바로 이 B 영역에 속한다.

C 영역은 급하지만 중요하지 않은 일이다. 대수롭지 않은 전화나 우편, 이메일, 불필요한 보고서, 사사로운 약속 또는 회의, 중요도가 낮은 급한 문제, 갑작스러운 지인의 방문, 무의미한 접객이나 사교 활동, 사소하지만 바쁜 잡다한 일상의 일들을 포괄한다.

D 영역은 급하지도 중요하지도 않은 일로, 인생을 무의미하게 소진하는 시간 도둑 같은 일들이다. 지나친 TV 시청이나 게임, 과하게 몰입된 SNS, 알고리즘에 지배당해 늘어난 유튜브 시청 시간, 타인의 사소한 일에 얽히는 것, 다른 사람을 뒷담화하는 수다, 업무와 직접적인 관련이 없는 편지나 이메일 등 소중한 시간을 낭비하는 일이 이에 해당한다.

보통 사람의 하루 활동은 시간 습관 매트릭스로 정리할

수 있다. 당신의 하루는 이 영역 중 어디에 치중되어 있는가? C·D 영역에만 매몰되어 늘 바쁘고 시간에 쫓긴다고 투덜대거나 시간을 헛되이 낭비하고 있지는 않은가? 시간 관리 매트릭스를 고안한 것으로 유명한 미국의 아이젠하워 대통령의 말은 새겨들을 만하다.

중요한 일이 급한 경우는 거의 없다.
그리고 급한 일이 중요한 경우도 드물다.

그렇다. 급한 일은 대체로 중요하지 않고, 중요한 일은 대체로 급하지 않다. 급하고 중요한 일이라고 여겼던 많은 일을 돌아보라. 질병이나 사고처럼 불가항력적인 상황이 일어나는 빈도는 현저히 낮다. 개중에는 데드라인을 고려해 시간을 미리 효율적으로 투자했어야 할 일들이 있다. 당신이 거의 매일 급하고 중요한 일에 쫓기며 감당이 안 될 정도라면 애초에 시간 관리를 잘못하고 있는 것이다.

내게는 이제 중요한 일이 급한 경우는 거의 없다. 예를 들어 나와 가족의 건강관리를 지속하고 있기에 어느 날 갑자기 병원에 가는 등의 급한 일이 점점 일어나지 않게 되었다. 건강관리뿐만 아니라 가족 관리를 평소에 하며 회사와 관련해서도 급한 일을 처리하기 위한 일종의 시스템을 만들어놓은 덕분이다. 결과적으로 나는 여유 시간이 더 많아졌고, 인생에서 더 중요한 일에 시간을 쓰게 되었다. 이는 내 성장을 위한 시간으로 선순환된다.

물론 이는 매우 이상적인 경우임을 잘 알고 있다. 나 역시 예전에는 주변에 늘 급한 일만 있어서 이를 해결하다 보면 정작 중요한 일은 대처하지 못했다. 이렇듯 아직 시스템을 만들 여유가 없는 사람들은 중요한 일이 급한 경우가 많을 것이다. 오늘까지 보고서를 제출해야 하거나 몸이 갑자기 아프다거나 집에 큰일이 있거나 하는 식이다. 이런 일이 닥쳤을 때는 물론 몰입해서 즉각 문제를 해결하는 요령이 필요하다. 다만 장기적으로는 A 영역의 일을 처리하기 위한 시스템을 만들어 점차 시간을 덜 쓰는 습관을 갖는 게 좋다. 동시에 B 영역의 일에 시간을 더 집중해 당신의 능력을 계발하고 성장하는 시간을 갖도록 하자.

진심으로 생산성을 올리고 싶다면 중요성을 중심에 두고 우선순위를 설정하기 바란다. 중요성보다 긴급성에 방점을 두고 매사에 임하다 보면, 눈코 뜰 새 없이 바쁜데 진정한 성과가 없는 상황에 부닥치게 된다. 자기 할 일을 다한 것처럼 생각되어도 시간의 노예로 사는 데 그칠 뿐이다. 생산성을 올리고 나날이 성장하기 위해서는 A 영역의 일은 축소하고, B 영역의 시간을 반드시 확보하는 습관을 가져야 한다.

나는 인생을 대개 5년 주기로 목표를 설정해 계획을 세운다. 그리고 5년을 1년 단위로 쪼개 계획을 세분화한다. 또 1년 단위의 계획을 열두 달로 나누고, 각 달을 주 단위로 나누어 B 영역의 '급하지 않지만 중요한 일'을 수행할 시간을 확보한다. 그리고 나머지 시간을 이용해 A 영역을 채워 나간다.

각 분야의 성공자들은 C·D 영역을 생산적으로 개선하려고 끊임없이 노력한다. 실제로 어떻게 시간을 보내는지를 중간중간 확인하고 C·D 영역의 시간 낭비형 행위를 B 영역의 행동으로 전면 대체함과 동시에 실행 계획을 수정한다. 이렇듯 B 영역의 일은 시간을 최대한 확보하면서 확장하는 습관을 들여야 한다.

나는 가능한 한 C 영역의 일을 정당한 대가를 주고 타인에게 위임한다. 기업가, 강연가, 인플루언서, 자녀 양육자이자 노모를 모시는 자식으로 일인 다역을 하며 살기 위해서는 위임이 필수다. 초능력이 있지 않은 이상 한정된 시간에 그 모든 일을 다 할 수는 없다. D 영역은 중요하지도, 급하지도 않은 일의 영역이다. 이 영역에 해당하는 일 자체를 없애려는 제거의 습관을 들여야 한다. 인생을 무의미하게 흘려보내도록 만드는 시간 도둑의 역할을 D 영역의 일들이 주도하기 때문이다.

특히 당신이 부자가 되려고 한다면 술 한잔이나 게임 한 시간, 친구와 수다를 떠는 일 등 사소하게 낭비되는 시간에 경각심을 가져야 한다. 그렇지 않으면 그토록 원하는 부는 더 멀어질지도 모른다. 최소한 5년 정도는 반드시 부자가 되겠다는 일념으로 목표에 집중해야 한다. 당신이 원하는 모든 것은 먼저 지금 하고 있는 분야의 최고에 도달한 다음에 해야 효과적으로 즐길 수 있음을 명심하라.

몸 사리지 않고 늘 바쁘게 일하지만, 팍팍한 삶이 조금도 나아지지 않고 있는가? 그렇다면 성장과 행복에 필수적인 B 영역의 시간을 늘리는 습관을 강화해야 한다. 나를 위한 시간은 그냥 주어지지 않는다. 아무리 기다려도 그런 시간은 평생 찾아오지 않을 수 있다. 자식을 돌보고 부모를 모시며 일터에서 제 역할을 해내며 치열하게 살면서 기다린다 해도 그런 시간은 평생 찾아오지 않을 수 있다. 시간은 의도적으로 확보해야 겨우 얻을 수 있다는 사실을 잊지 마라. 아침에 일찍 일어나는 것을 권하는 이유도, 누구의 방해도 받지 않는 시간이라야 긍정적인 미래를 도모할 수 있는 B 영역을 위한 시간을 확보할 수 있기 때문이다. 이것이 인생을 경영하기 전에 시간을 경영해야 하는 이유다.

세계적인 비즈니스 컨설턴트이자 강연가인 브라이언 트레이시Brian Tracy는 말했다.

모든 것을 다 하기에 시간은 충분하지 않다.
그러나 가장 중요한 일을 수행할 시간은 항상 충분하다.

당신에게 가장 중요한 일은 무엇인가? 이 질문에 바로 답할 수 있는 사람이 시간의 주인이 된다.

황금률 2:
매일 아침 최고의 나를
만나는 데 투자하라

롤모델을 통해 성장하기

모든 것을 잃고 다시 사업을 시작할 무렵, 나는 멘토가 절실했다. 도저히 혼자 힘으로 일어설 수 없을 것 같았다. 사람은 너무 큰 좌절을 겪으면 길을 잃기 쉽다. 기존에 해오던 방식이 틀렸다는 생각에 위축되고 가진 능력이 형편없다는 자괴감이 들어 더 큰 수렁으로 빠져들기 때문이다.

나처럼 크게 넘어졌으나 보란 듯이 다시 일어선 실패의

선구자가 필요했다. 영혼을 갉아먹는 고립감에서 벗어나, 재기를 향한 절박한 마음을 재도전의 에너지로 바꿔줄 누군가와 연결되고 싶었다. 그 연결이 또다시 실패할지언정 삶을 포기하지 않게 만드는 구원의 손이 되어주리라 믿었다. 다시 살아내기 위해 그들만의 특별한 성공 비결을 알고 싶기도 했다.

이미 성공의 반열에 오른 유명인들을 직접 만나 성공의 비결을 묻고 싶었지만, 그들은 나와 다른 세계에 있었다. 직접 만날 수 없다면 그들이 직접 쓴 책을 씹어 먹듯이 읽으며 내 것으로 만들기로 했다. 녹록지 않은 현실을 딛고 한 분야의 대가가 된 사람들의 성공 비책이 절실했던 나는 허겁지겁 그들이 쓴 책을 먹어치웠다.

그때부터였다. 내가 '먹어버린다'라는 표현을 자주 쓰게 된 것이. '책을 먹어버리겠다', '롤모델을 먹어버리겠다'라는 표현을 처음 듣는 사람은 소름이 끼칠 수도 있지만, 이는 그 대상을 소화해 완전히 내 것으로 만들겠다는 결연한 의지를 담아낸 표현이다. 요컨대 '먹어버린다'라는 말은 반드시 자기계발을 하겠다는 의지의 표명이자 하루의 삶도 허투루 보내지 않겠다는 나 자신과의 약속이다.

학생, 직장인, 사업자, 주부 등 직업을 막론하고 현대인은 자기계발을 위해 다양한 콘텐츠를 공부한다. 칭찬할 만한 일이지만, 안타깝게도 공부의 효과를 보는 이들은 극소수다. 대부분 자기 상황에 맞게 콘텐츠를 소화하지 않기 때문이다. 성공자들을 공부한 뒤에도 딱히 자기 삶이 달라지지 않으면 이렇게 투덜거린다.

"성공한 사람들은 다 비슷한 이야기를 해. 어디선가 들어본 것 같은 이야기, 이미 알고 있었던 이야기투성이야."

이런 태도로 정말 변화를 이끌 수 있을까? 열망하는 부를 이룰 수 있을까? 무엇보다 성공자들의 메시지를 제대로 이해했다고 말할 수 있을까?

이미 당신을 부자로 만들 부의 법칙들은 널리고 널렸다. 내 이야기도 그중 하나다. 특별히 이번 장에서 성공자들의 이야기를 소개했다. 그러니 먹어버려라. 성공한 사람들의 법칙 하나하나를 꼭꼭 씹어 먹으며 온전히 당신 것으로 체득하라. 이미 알고 있었다는 오만한 마음을 내려놓고 먹어버려라.

냉수마찰로 시작하는 거인의 하루
: 토니 로빈스

내가 롤모델로 삼은 멘토는 단연 토니 로빈스Tony Robbins
다. 그는 역사상 가장 성공적인 동기부여 연설가이자 성공
한 기업가다. 빌 클린턴Bill Clinton 전 대통령, 구글 공동 창업
자인 세르게이 브린Sergey Brin, 오프라 윈프리 등의 유명 인
사를 코칭한 것으로도 유명하다.

그는 날 때부터 탄탄대로가 보장된 소위 '금수저'가 아
니었다. 가난과 가정폭력으로 얼룩진 어린 시절, 딱히 잘
하는 것 없는 결핍투성이에 몸무게는 무려 120킬로그램에
달하는 건물 청소부였다. 나는 그가 가진 이력에 압도되었
고 절절한 동질감을 느꼈다. 그를 롤모델로 삼고 몸짓, 말
투, 식습관, 생각하는 방식 등을 모두 모방했다.

지금은 그의 처절했던 과거사는 상상조차 못 할 정도다.
그의 강연 일정이 알려지면 값비싼 강의료에도 전 세계에
서 2~3만 명이 몰려들며 예약이 꽉 찬다. 그래서 일반 강
연장이 아닌 대형 축구장이나 콘서트장에서 강연한다. 나
역시 그의 강연을 듣기 위해 마이애미까지 달려갔고, 수천

만 원의 수업료를 지불하며 그에게 가르침을 받았다. 토니 로빈스의 이 모든 성취는 삶의 작은 순간까지도 정성을 다한 사람에게 주어지는 선물이라고 생각한다. 그는 한때 건물 청소부였지만 삶을 비관하지 않았다. 오히려 인생의 청사진을 그리며 준비했다.

토니 로빈스는 그 명성만큼이나 힘이 넘치는 아침 루틴을 실천한다. 매일 아침 약 4도에 달하는 얼음장 같은 차가운 물로 1분간 샤워하며 하루를 시작한다. 냉수마찰은 토니를 가난의 수렁에서 꺼내 성공으로 이끈 그만의 습관이었다. 이불 속이 아무리 포근해도 정해진 시간에 일어나 바로 욕실로 향하는 것은 그에게도 쉽지 않은 일이다. 토니에게 아침 냉수마찰은 온몸의 잠든 세포를 깨우고 최고의 상태를 끌어올려 새로운 하루를 시작하기 위한 하나의 의식인데, 최대한 빠르게 몸에 변화를 유도하는 수단이기도 하다. 몸에 변화를 주는 것은 실제로 생화학적 변화를 즉시 일으킨다. 유명 운동선수들이 격렬한 운동 후 신체 회복을 위해 냉수마찰을 활용하는 것도 이 때문이다.

그가 아침마다 고통에 가까운 찬물 수행을 하는 이유는 단지 몸을 자극하며 변화를 유도하려는 데만 있지 않다.

근본적으로는 스스로를 훈련시키려 하는 데 있다. 자신이 결단한 일을 즉시 수행하는 행동력을 강화하기 위한 과정이다. 이 훈련을 반복하면 머릿속에서 할지 말지, 혹은 될지 안 될지 등을 고민하기 전에 몸이 먼저 반응해서 실행하는 패턴이 습관화된다. 어떤 힘든 상황일지라도 결단을 내리면 뇌가 그 결단에 즉시 반응하는 순환 체계가 만들어지는 것이다.

토니 로빈스는 냉수마찰을 한 뒤 매일 아침 10분간 명상한다. 허리를 곧게 편 채로 앉아 자신이 성취하고, 느끼고, 경험하고 싶은 것을 그려본다고 한다. 그리고 그것을 반드시 실행해 현실로 만든다.

나 역시 아침마다 샤워하는 습관이 있다. 단순히 몸을 정돈하기 위해서만이 아니라 정신과 마음도 함께 추스르려는 하나의 의식이다. 특히 한번 부정적 감정에 빠져들면 쉽게 헤어나지 못하는 나쁜 버릇이 있었다. 쉽게 통제되지 않는 그런 순간이 올 때마다 즉시 기분을 바꾸고 긍정적 에너지로 전환하기 위해 '샤워'하는 습관을 길렀다.

나는 미온수 샤워를 즐기는 편이다. 뼛속까지 시린 찬물 샤워는 심장에 부담을 주고 관절과 근육에도 스트레스를 줄 수 있어서다. 미온수는 에너지의 순환이 온건하게 이루어지게 돕는다. 다 씻은 뒤에는 차가운 물로 마무리할 때도 있다. 샤워할 때 흐르는 물줄기를 따라 손으로 몸 전체를 쓸어내리거나 터는 동작을 반복하기도 한다. 그러면서 내게 달라붙어 있는 부정적 기운을 씻어낸다고 상상한다. 이런 의식적인 '분리' 행동은 스트레스를 줄이는 데만 좋은 게 아니다. '비우기 시각화'를 할 때와 유사한 효과가 있다. 내 안에 쌓여 있는 부정적인 생각과 감정을 모두 버림으로써 깨끗하고 정돈된 새로운 자신을 만날 수 있게 된다.

비전보드를 현실화한 백만장자
: 존 아사라프

가난한 중동 출신 이민자의 아들로 태어난 존 아사라프John Assaraf는 흔히 말하는 문제아였다. 농구 선수를 꿈꾸며 겨우 비행 청소년에서 벗어나는 듯했으나 예기치 못한 교통사고로 그 꿈마저 접어야 했다. 파란만장한 루저의 삶을 산 아사라프는 모든 고난을 뚫고 20대 후반에 부동산 회사를 설립해 4조 원의 매출을 올린다. 그는 '끌어당김의 법칙'을 자기 삶으로 증명했다.

　그는 열아홉 살에 자신이 열망하는 목표를 이루기 위해 적극적으로 헌신하겠다고 다짐했다. 당시 만난 멘토의 영향으로 이런 결단을 내릴 수 있었다. 목표가 분명할수록 그것의 실현 가능성은 커진다. 수단을 구체화할 수 있기 때문이다. 방대한 지식 중 공부해야 할 방향이 결정되고, 연마해야 할 기술의 종류가 좁혀진다.

　나는 일찍이 존 아사라프에게 비전보드의 진가를 배웠다. 비전보드란 이루고 싶은 꿈, 소유하고 싶은 것, 되고자 하는 모습 등을 사진이나 그림 등의 비주얼 자료로 표현하는 시각화 방법 중 하나다. 나는 아사라프를 벤치마킹하며 비전보드를 작성했다. 꿈과 목표에 관련된 키워드나 이미지를 한눈에 볼 수 있게 하는 비전보드는 뇌와 잠재의식에 꿈을 새겨 넣어 그 꿈을 실현하는 방향으로 나를 움직이게 했다. 아사라프는 비전보드에 잡지에서 본 집의 사진을 붙여 놓았다. 매일 아침 그 사진을 보며 그곳에 살고 말겠다고 다짐했다. 그 집이 얼마인지, 어느 지역에 있는지 몰랐지만 자신이 진짜 원하는 집이 그곳이라고 확신했다. 그리고 그는 5년 후 바로 그 집에 살게 되었다.

내가 비전보드를 활용하는 자신만의 특별한 방법이 있냐고 묻자 아사라프는 비전보드를 작성할 때 자신이 성취한 것과 앞으로 성취하고 싶은 것을 합치고 과거, 현재, 미래를 통합해 새로운 현실을 만든다고 답했다. 그리고 뇌가 이 세 가지 서로 다른 시간대가 합쳐진 현실을 인식하게 만들어야 한다고 강조했다. 아사라프는 비전보드를 만들 때 목표를 최대한 명확하고 구체적으로 잡으라고 조언한다. 구체적으로 목표를 정하는 행위 자체가 우리 뇌에 집중해야 할 정확한 지점을 새겨 넣어, 뇌가 새겨진 방향대로 작동하기 때문이다.

아사라프는 매일 아침 비전보드에 붙인 목표 사진을 들여다보라고 강조한다. 사진을 보며 목표를 이루는 데 필요한 생각, 감정, 행동에 집중할 것을 당부한다. 눈을 감고 목표를 성취한 모습을 상상해 보고, 그때의 느껴지는 감각에 온전히 집중하는 것이다. 이렇게 비전보드의 실현을 구체화하다 보면 자연스레 이 목표를 위해 내가 실천할 수 있는 일을 궁리하게 된다. 비전보드의 사진을 골똘히 바라보며 의식에 새겨 넣는 과정에서 목표를 이루기 위해 어떤 능력이 필요하고, 무엇을 해야 하며, 누구에게 어떤 도움을 받아야 하는지를 계획하게 된다.

비전보드와 함께하는 존 아사라프의 아침 루틴은 뇌와 잠재의식을 단련하는 일련의 과정이다. 인간의 잠재의식은 생각, 감정, 행동 등을 97~98퍼센트까지 통제한다. 아사라프는 뇌와 신경과학 연구에 오랫동안 천착했다. 신경과학 분야의 연구 결과에 따르면, 잠재의식의 패턴이 변화하면 두뇌 알고리즘을 바꿔 최종적으로 새로운 것을 믿게 만든다고 한다. 우리의 뇌는 믿음대로 움직인다. 잠재의식을 단련해 내 꿈의 편으로 만들면 무한한 가능성이 현실이 된다. 비전보드는 무한한 가능성을 실현하는 가장 낭만적이고도 과학적인 방법이다.

여유로운 아침 시간으로 확보한 창의성
: 제프 베이조스

아침은 가공되지 않은 원시적인 힘을 가지고 있다. 인간은 매일 잠을 통해 다시 태어난다. 아침은 전날의 피로에서 쇄신된 육체가 호흡하며 자연의 기운을 가장 잘 느끼는 시간인 동시에, 외부 조건에 동화되거나 오염되지 않은 있는 그대로의 나 자신을 마주할 수 있는 시간이다.

하지만 아침은 부정적으로 흘러가기도 쉽다. 원시시대의 인간은 기상 직후에 본능적으로 예민함을 극대화해 자신의 안위를 살펴야 생존할 수 있었다. 자는 동안 짐승의 공격으로 생명을 위협하는 상황이 발생하지는 않았는지, 추위나 자연재해로 피해를 입지 않았는지 판단하기 위해 촉각을 곤두세우고 상황을 점검했다. 이렇듯 인간은 아주 오래전부터 오직 아침에 맞닥뜨리는 스트레스 상황을 컨트롤하며 생존을 이어왔다. 아침에 스트레스와 긴장을 유도하는 호르몬이 활발하게 분출되는 것도 이러한 인류 서사에 일정 부분 기인할 것이다.

아침에 도사리고 있는 부정적 기운을 긍정적 에너지로 전환하는 과정이 필수적인데, 많은 현대인이 이를 위해 명상, 호흡, 스트레칭 등을 활용한다. 그런데 당신이 익히 알고 있는 세계적 성공자 중에 다소 독특한 방식으로 아침의 저력을 깨우는 이가 있다. 바로 미국의 대표 인터넷 종합 쇼핑몰 아마존닷컴을 창업하고, 민간우주개발 업체인 블

루오리진을 설립한 제프 베이조스Jeff Bezos다.

세계에서 가장 부유한 사람 중 하나인 그는 개인 자산 2000억 달러(약 268조 원)를 돌파한 최초의 인물로 알려져 있다. 십 대 미혼모의 아들로 태어난 베이조스는 풍요롭거나 안정적이지 못했던 어린 시절의 결핍 때문인지 유난히 성공에 집착했고, 가족과 함께하는 시간을 중요하게 생각했다.

베이조스의 아침 시간의 핵심은 의도적으로 빈둥거리는 데 있다. 일찍 일어나고 일찍 자는 습관을 가진 베이조스는 본격적인 업무에 들어가기 세 시간 전 기상하고, 직접적인 일과 관계없는 방식으로 그 시간을 사용한다. 빈둥거림의 철학은 그의 경영관과도 닮아 있다. 베이조스는 비효율성이 아마존의 DNA 중 일부라고 말한다. 효율성이란 구체적 계획을 세워 철저하게 실행하는 것이고, 비효율성은 호기심에 따라 다양한 것을 시도하는 것이다. 그는 이를 '건설자 문화'라고 부르며, "성공하는 길은 결코 직선이 아니다"라는 유명한 말을 남겼다.

베이조스는 아침 시간을 주로 가족과 함께했다. 그는 잠에서 깬 뒤 가장 먼저 이부자리를 정리하고 방을 정리한다고 한다. 그리고 팬케이크를 굽고 커피를 내리며 가족의 아침식사를 챙겼다. 심지어 설거지까지 직접 한다고 한다. 아이들이 학교에 가기 전까지 시간을 함께 보내고, 출근하기 전에는 신문을 빼놓지 않고 읽었다. 글로벌 기업의 회장 일과가 이토록 소박하다는 것이 다소 놀라울 성도나(이렇게 가족에 애틋했던 그가 몇 해 전 안타깝게도 이혼을 결정해 세상을 떠들썩하게 했지만 말이다).

한편으로는 그의 아침 루틴이 반갑기도 하다. 나 역시 눈을 뜨면 사랑스러운 딸아이, 남편과 함께 시간을 보내려 한다. 눈을 뜨면 남편의 서재로 가서 가벼운 포옹과 입맞춤으로 하루를 시작한다(남편은 늘 나보다 일찍 일어나 서재에서 시간을 보낸다). 그리고 딸의 방으로 가 다정하고 섬세한 목소리로 아이를 깨운다. 세상에서 가장 사랑하는 존재가 아침에 눈을 떴을 때 가장 행복하고 충만한 마음으로 하루를 시작하기를 바라는 마음에서다. 잠이 덜 깬 딸을 몇 분간 품에 안고 있으면 따스하고 보드라운 체온이 온전히 전해져 그 자체로 힐링이 된다. 남편은 종종 아침에 직접 갈아 내린 커피를 준비해서 침실로 가져다준다. 달콤한 아침인사도 잊지 않는다. 이처럼 가족과 함께하는 단란한 아침 시간은 어떤 영양제보다 심신을 풍요롭게 한다.

베이조스에게 아침은 출근해서 업무적으로 중요한 결정을 내리기 전에 충분히 쉬고 재충전하는 시간이었다. 자기만의 방식으로 몸과 마음의 컨디션을 최적화한 뒤 매일 10시경 중요한 회의를 진행했고, 그보다 이른 시간에는 어떤 미팅이나 회의도 잡지 않았다. 머리 회전이 필요한 회의는 점심 전에 끝내는 걸 선호했고, 오후에는 가능한 한 중요한 결정을 내리지 않고 다음 날로 미뤘다.

그는 한 포럼에서 이렇게 말했다.

> 회사에서 중요한 위치에 있는 사람은 급하게 많은 일을 하려고 하면 안 됩니다. 휴식하고 재충전하는 시간이 꼭 필요합니다. 청소나 설거지는 평소 쓰지 않는 뇌의 다른 부분을 사용하게 만들고, 생각을 정리할 수 있는 틈을 주지요. 그 과정에서 혁신적인 생각이 떠오른다고 확신합니다.

나는 베이조스의 생각에 크게 동감한다. 켈리델리를 만들 때부터 나는 서로를 믿고 위하는 조직을 구상했다. 사업 초기에 직원들 한 명 한 명을 직접 교육하고 온전한 책임자로 성장시킨 덕분에 현재 켈리델리는 임직원, 가맹점주 등에 자연스럽게 권한을 위임했다. 나는 이렇게 주변의 협조를 받고 전문가에게 위임하는 일을 선호한다. 상호신뢰와 자율성, 주도성은 켈리델리의 자생력과 지속력의 토대가 된다.

그 덕분에 주요 결정 사안이 몇 개월에 한 번 정도 내 업무 테이블에 올라오는 정도다. 그 덕분에 많은 시간을 내가 사랑하는 사람들과 좋아하는 일에 쏟을 수 있다. 어찌 행복하지 않다고 말할 수 있겠는가.

아침 루틴으로
기적을 먼저 체험한
사람들

성공은 작은 변화를 쌓아올릴 때 찾아온다

회사의 경영이념이나 조직원의 활동 지침을 일컫는 기업문화의 초석은 창업자가 만든다. 기업문화는 조직에 생기를 불어넣기도 하고, 조직의 생기를 앗아가기도 한다. 창업자의 마인드가 그래서 중요하다. 모든 사람은 자기 인생을 만들어가는 창업자다. 하루를 어떻게 꾸려나가느냐에 따라 창업의 질과 규모가 달라진다. 세계 최고의 마케팅 전략가 중 한 사람이자 '포지셔닝' 이론으로 잘 알려진 잭 트라우트Jack Trout는 한 포럼에서 말했다.

차별화가 관건이다. 차별화하지 않으면 죽는다.
Differentiate or die.

꾸준히 자기 인생이라는 사업체를 가꿔나가는 사람만이 독보적인 차별화의 주인공이 될 수 있다. 그리고 이런 차별화의 시작은 아침에 달려 있다.

SNS 채널을 통해 내 이야기에 귀 기울여 주는 수많은 구독자를 만났다. 구독자분들은 나이도 사는 지역도 하는 일도 다르지만 꿈을 향한 열정, 성공에 대한 열망으로 돈독한 유대를 맺고 있다. 그들에게 강한 영감을 주고, 삶을 더 나은 방향으로 나아가는 계기를 마련해 주고자 분주히 노력했다. 그 노력의 일환으로 100일간 시각화, 독서, 운동 등의 아침 루틴 프로젝트를 진행했다.

100일간의 프로젝트를 처음에는 수백 명이 함께 시작한다. 그렇지만 끝까지 완주한 분들의 총합은 언제나 두 자릿수에 그친다. 나는 그분들이 꿈을 이룰 소수이자, 자기 자신을 독보적인 브랜드로 만들 재량이 충분한 예비 성공자라고 확신한다. 그분들은 타인의 욕망이나 언설에 휘둘리며 진정한 자기 인생을 살아보지 못하는 일부 사람들과는 전혀 다른 삶을 살 것이다.

꿈은 작은 변화들이 쌓여 이루어진다. 하루아침에 이루어지는 꿈은 없다. 하다못해 로또 복권에 당첨되어 일확천금을 거머쥔 사람조차 하룻밤 사이에 부자가 된 것은 아니다. 일단 자리를 박차고 나가 가게로 가고, 공들여 번호를 고르고, 자기 주머니에 있는 돈을 지불해서 복권을 사는 과정이 있다. 실천하지 않은 꿈은 공허한 이상에 지나지 않는다.

나는 100일간의 여정에 참여하며 작은 변화를 일으키고, 그 변화를 삶의 동력으로 삼는 분들을 보면 무한한 애정을 느낀다. 내가 가진 성공의 노하우를 하나라도 더 알려주고 싶고 좋은 말을 한마디라도 더 들려주고 싶다. 내 지난날의 모습과 꼭 닮은 그분들과의 만남을 통해 '너'와 '나'가, 지금 여기에 사는 '우리'가 그렇게 다른 존재가 아니라는 것을 실감하게 된다.

관계 맺기는 성장의 기본이다. 내 SNS 채널의 구독자분들은 단순히 영상을 보기만 하는 것이 아니라, 영상에 대한 소회를 나누며 관계를 맺고 성장하고 있다. 서로서로 응원하고, 쓸모 있는 정보를 아낌없이 공유하고, 성과를 인증하며 서로에게 생산적인 자극을 준다. 켈리 최라는 채널이 소통의 창구이자 꿈의 구장이 되고 있다는 것에 임청난 자부심과 책임감을 느낀다. 누구나 삶을 변화시킬 수 있다. 내가 그랬듯이 당신도 해낼 수 있다.

아침 루틴을 활용해 스스로를 일으킨 웰씽커들

20대 대학생 K는 아침 일기 쓰기 프로젝트에 참여했다. 어렵게 입시를 통과해 내로라하는 대학에 입학했지만, 대학 생활은 전혀 만족스럽지 않았다. 고등학교 시절과는 확연히 달라진 삶을 기대했으나 대학 생활은 그저 고등학교 시절의 연장처럼 느껴졌다. 거기에 코로나19 여파로 비대면 수업이 이어졌고, 언택트 시대는 만족스럽지 못한 마음을 부채질했다.

'고작 이런 패배감을 느끼려고 그렇게 힘들게 공부해 여기까지 온 건가.'

자괴감이 이어지는 나날이었다. 대입이라는 십 대 일생의 목표를 이루고 나니 가슴이 뻥 뚫린 것 같았다. 그 폐허와 같은 공간에 무엇을 채워야 할지 갈피를 잡을 수가 없었다. 반찬 없이 맨밥만 먹는 것 같은 맹숭맹숭한 하루가 이어졌다. 그즈음 친구의 소개로 내 유튜브 채널을 알게 되었고, 거기서 아침 루틴을 접했다. 100일 아침 일기 쓰기에 도전한 K는 그 과정에서 잃어버린 열정과 꿈을 발견했다. 지금 K는 스타트업 대표가 되어 5년 내 뉴욕 맨해튼에 입성하는 것을 목표로 삼고, 하루하루를 바쁘게 살고 있다.

30대 프리랜서 M은 초고도비만이었다. 20대에는 스몰 사이즈의 건강한 몸을 줄곧 유지했지만 사회생활을 시작하고 몸무게가 배로 늘었다. 잦은 야근과 회식, 스트레스로 입에 달고 산 과자와 초콜릿이 문제였다. 퇴근 후 운동은커녕 일단 집에 도착해 소파와 하나가 되는 습관도 비만을 부추겼다. 잠들기 전 눈코 뜰 새 없이 하루를 살아낸 스스로에 대한 보상으로 치킨이나 피자 같은 야식을 배달시켰다. 폭식이 건강을 해치고 하루 컨디션을 더 엉망으로 만든다는 것을 알았지만 멈출 수 없었다. 몸은 내가 산 오늘의 결과물이라 했던가. 나날이 몸이 불어갔다.

사회생활 3년 차가 되자 M은 입사 때와는 전혀 다른 사람이 되어 있었다. 이대로 살면 큰일 나겠다 싶었다. 다르게 살려면 환경을 바꿔야 했다. M은 퇴사를 결심했다. 3년간 휴일도 반납하며 달려온 덕분에 생존에 필요한 업무 스킬은 충분히 익힌 터였다. 『웰씽킹』을 통해 내 채널을 알게 되었고, 마침 시작을 앞둔 100일 운동 프로젝트에 참여했다. 이런 타이밍이라니, 신이 준 기회 같았다. M은 이 프로젝트를 통해 25킬로그램을 감량하여 잃어버린 자신감을 회복했다.

40대 L은 워킹맘이다. 네 살배기 아들을 키우는 엄마이자 기업의 연구원으로 산다. 아이를 낳고 하루 네 시간 이상 편하게 자본 적이 없을 만큼 열심히 살았다. 한 여성이자 개인으로서 추구할 수 있는 모든 삶은 내려놓고 육아와 일에 헌신했지만, 양자 모두에서 낙제점을 받고 있었다. 아이에게서는 결핍이 보였다. 회사에서는 직장 상사에게 자주 불려가 허리를 굽혀야 했다. 한 인간이자 여성으로서의 모든 욕망을 내려놓고 열심히 살았는데, 지나온 모든 노력이 부정당한 기분을 자주 느꼈다.

'나는 두 마리 토끼는 잡을 수 없는 인간인가 봐. 둘 다 포기하고 싶지 않은데 어떡하지.'

L은 일과 육아라는 두 마리 토끼를 모두 잡고 싶었기에 둘을 모두 잡은 롤모델이 필요했다. 유튜브 알고리즘을 통해 나를 알게 된 L은 『웰씽킹』과 『파리에서 도시락을 파는 여자』까지 읽으며 나를 롤모델로 삼았다. L은 시각화를 100일간 실천했다. 매일 아침 가장 이상적인 하루를 그리다 보니, 그 이상이 현실이 되려면 혼자만의 힘으로는 불가능하다는 것을 깨달았다. 그렇게 위임의 기술을 실천했다. 그 후 L은 회사에서 우수 직원으로 표창까지 받았는데, 집에서도 어린 아들에게 표창을 받았다. 고사리손으로 색종이를 오려 만든 '자랑스러운 우리 엄마'라는 꽃 모양 훈장을 보면 기운이 솟아오른다고 말했다.

50대 자영업자 J는 은행원이었다. 입사 후 특유의 성실함으로 조직에서 인정받아 빠르게 승진했다. 말단 사원에서 은행장, 마침내 정년퇴직까지. 장밋빛 미래를 꿈꾼 시절이었다. 그러나 빠르게 올라간 만큼 추락도 이르게 찾아왔다. 50줄에 막 들어서자 구조조정의 칼바람을 피할 수 없었다. 샐러리맨으로 영원히 먹고살 수 있을 거라 생각했지만, 착각이었다. 떠밀리듯 퇴사하고 퇴직금과 예금을 모아 작은 음식점을 차렸다.

처음 해본 장사가 쉬울 리 없었다. 그러나 열정으로 초짜의 어설픔을 메웠다. 개점 후 제법 손님이 몰렸지만 오래가지 않았다. 손님이 몰아치자 맛과 서비스가 흔들렸고, 직원들을 통제하기도 쉽지 않았다. 가게의 성장은 3개월 만에 내림세로 돌아섰다. 이대로 가면 망할 게 뻔했다.

J는 시간 습관 매트릭스를 활용했다. 매일 아침 중요하고 화급한 A 영역의 일과 화급하지 않지만 중요한 B 영역의 일을 구분해 리스트를 만들었다. 그리고 내 충고대로 A 영역에 함몰되지 않고 B 영역의 일을 만드는 데 시간을 더 쏟았다. B 영역에 골몰하다 보니, 운영 매뉴얼이 제대로 갖추어지지 않았다는 것을 알게 되었다. J는 매일 아침 운영

매뉴얼을 정돈해 나갔고, 출근하자마자 30분간 직원을 교육하고 동기를 부여했다. 가게에는 전에 없던 활기가 돌았고, 손님들로 다시 복작거렸다. J는 곧 2호점을 론칭할 계획이다.

　네 사람은 모두 자기 삶의 변화를 일구어냈다. 꿈을 현실로 만들며 그 자신이 희망의 증거가 되는 중이다. 변화는 작은 습관의 실천에서 비롯된다. 누차 강조하지만 작은 시도와 성취가 중요하다. 그 작은 변화가 켜켜이 쌓여 기적과 같은 성취를 이루어낸다. 한 계단 한 계단 밟고 올라서야 거품이 생기지 않는다. 단단히 쌓아올린 성취는 어떤 어려움에도 당신을 지켜내는 성벽이 될 것이다.

3부

하루 20분,
기적의 모닝 시크릿

*The Miracles
of
Golden Morning*

풍요와 번영을
끌어당기는 아침 루틴

비범한 삶을 깨우는 모닝 시크릿

노벨 경제학상을 받은 경제학자이자 심리학자인 대니얼 카너먼Daniel Kahneman에 따르면, 사람은 3초마다 한 가지 생각을 떠올린다고 한다. 하루를 3초 단위로 나누면 하루에 약 2만 9000개의 생각이 생기는데, 8시간을 취침 시간이라고 가정해도 약 2만 개의 생각이 생성된다. 다른 연구에서는 하루에 약 7만 개의 생각을 떠올린다고 주장하는 사람도 있다.

3초마다 떠오르는 생각은 우리의 의지와는 상관없이 잠재의식에서 파생된다. 만약 잠재의식에서 공급하는 알고리즘이 부정적이라면 대부분의 생각은 부정적일 것이다. 부정적인 마인드로는 생산성을 올릴 수 없고 성과를 내기도 어렵다. 따라서 미래지향적이고 긍정적인 잠재의식을 갖는 것이 중요하다. 긍정적인 생각을 잠재의식에 반복해서 새기면 그 생각을 진실이라고 받아들인 잠재의식은 건전한 생각을 하고 자동으로 건강한 삶을 사는 습관을 만든다.

의식은 우리가 깨어 있을 때, 그것도 뇌 활동이 활발할 때 작동하지만 잠재의식은 24시간 작동한다. 당신이 평범할수록, 그러니까 특별한 재능이 없거나 물리적 자본이 충분하지 않거나 시간에 쫓기는 사람일수록 잠재의식의 작동에 투자해야 한다. 잠재의식은 평범한 당신의 인생을 비범하게 바꾸는 단초가 되기 때문이다. 아무리 똑똑한 사람이라도, 아무리 열심히 사는 사람이라도 잠재의식을 트레이닝하는 사람을 이길 수 없다.

잠재의식은 무인 자동차의 내비게이션과 같다. 잠재의식을 꿈을 이루는 방향에 맞춰둔 사람은 성공하지 않을 수

틴이 중요하다. 먼저 영혼을 충전하기 위해 시각화와 확언을 제안한다. 다음으로 정신을 보듬기 위해 명언 필사와 독서를 추가한다. 마지막으로 신체를 단련하기 위해서는 당연히 운동을 해야 한다.

당신의 몸, 정신, 영혼의 삼각형이 견고해지기를 바라며 가장 중요한 루틴만 추려서 이 책에 정리했다. 또한 초심자가 따라 하기 가장 편안하고 쉬운 순서로 루틴을 배열했으니 그대로 따라오기만 하면 된다.

다섯 가지 모닝 시크릿 루틴

모닝 시크릿은 다섯 가지의 아침 루틴을 통해 이루어진다. 나뿐 아니라 수많은 성공자가 이 루틴을 실천하고 있다. 다섯 가지의 루틴을 20분으로 시간을 한정해 소개했으나 가장 이상적인 방식은 이 루틴을 1시간 이상 실행하는 것이다. 나 역시 하루 1시간 이상 모닝 시크릿 루틴을 실천한다. 생각해 보라. 매일 한 시간 운동하는 사람과 1분 운동하는 사람 중 누가 자신이 원하는 체형에 도달할 확률

**인간의 3영역과
모닝 시크릿 루틴**

인간의 세 가지 속성을 고르게 발달시키면 잠재의식이 최
적화된다. 영혼을 충전하고, 정신을 보듬으며, 신체를 단련
하는 습관을 통해 목표를 잠재의식에 깊게 새길 수 있다.

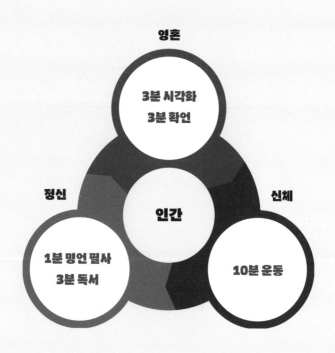

이 빠르겠는가? 당신은 이미 답을 알고 있다.

모닝 시크릿 루틴을 실행하는 데는 주중, 주말의 구분이 없다. 물론 주말에는 조금 더 잠을 자긴 하지만 평일과 다름없이 루틴을 실행한다. 더 정확히는 루틴을 더 길게 활용한다. 예를 들면 독서를 3시간으로, 운동을 1시간으로 늘리는 식이다.

주말 구분 없이 일주일을 똑같이 일어나 시작하면 여러 효능이 있다. 예컨대 회사원들은 잠이 부족할 수 있다. 야근에 격무에 회식에 출퇴근길 스트레스에 피로가 몰릴 수 있지만, 많은 전문가가 이미 밝혔듯 잠을 몰아 잔다고 피로가 더 풀리지는 않는다. 일요일에 종일 잤는데 월요일에 더 기분이 나쁘고 컨디션이 저조했던 때를 떠올려 보라.

매일 똑같이 하루를 시작하면 월요병이 사라진다. 주말을 성실하게 루틴대로 보내면 주중에 하지 못했던 일이나 자기 충전의 시간을 확보할 수 있다. 이를 통해 월요일에 대한 두려움이나 불안감이 사라지고 오히려 출근을 기대하게 된다. 주말에도 루틴을 지켜야 한다고 결심한 사람은 주중에 과도하게 자기 자신을 소진하며 사는 삶의 방식을 개선할 수 있다. 모닝 시크릿 루틴이 삶을 지키는 모종의 가드레일 역할을 하는 것이다.

그렇다고 할지라도 하루 1시간은 고사하고 20분의 시간을 내기도 벅찬 사람이 있을 것이다. 한정된 시간을 쪼개 써야 하는 현대인들은 늘 시간 확보에 고민하기 때문이다. 만일 당신이 그렇다면 주중에는 매일 10분이라도 이 루틴을 실천하기 바란다. 10분도 부담스럽다면 각 단계를 1분씩 분배해서 총 5분이라도 해보라. 잠재의식은 철저하게 반복하는 행위를 통해서만 작동하기 때문에, 하루도 빠지지 않고 같은 행동을 실행하는 것이 관건이다. 100일간 다섯 가지의 아침 루틴을 실행한다면 인생이 달라질 것이다.

**20분 모닝
시크릿 루틴 5**

'모닝 시크릿'은 아침의 풍요와 성장의 힘을 잠재의식으로
끌어당기는 과정이다. 시각화, 확언, 명언 필사, 독서, 운
동의 루틴을 매일 20분씩만 반복해도 잠재의식을 내 편
으로 만들 수 있다.

꿈을 새기는
하루 20분
모닝 시크릿 루틴

모닝 시크릿 루틴 1: 3분 시각화

켈리의 골든 모닝 시나리오

커튼 사이로 쏟아지는 햇빛을 받으며 눈을 뜬다. 포근하고 깨끗한 침대보에서 아침의 향기가 난다. 푹 자고 일어났더니 개운하다. 오늘도 즐겁고 기대되는 하루의 시작이다. 시계가 막 6시를 가리킨다. 몸 전체를 쭉 뻗으며 기지개를 크게 켠 다음, 반쯤 몸을 일으킨 채로 살짝 눈을 감는다. 숨을 크게 내쉬고 들이쉬며 호흡의 변화에 집중한다.

숨과 마음이 안정되면 오늘 하루가 가장 이상적으로 흐르는 모습을 떠올려 본다. 다시 돌아오지 않을 오늘 하루가 상상하는 모습대로 되리라며 잠재의식에 새긴다. 이어 인생에서 최종적으로 되고 싶은 모습을 그린다. 최종 꿈을 그리고 나니, 절로 감사의 기도가 입 밖으로 흐른다. "오늘도 꿈을 향해 나아가는 오늘에 감사합니다. 성장할 수 있다는 것에 감사합니다. 오늘도 눈을 뜨게 해주셔서 감사합니다." 기도를 마치고 눈을 뜨니 세상이 한층 더 밝아져 있다.

◆

'시각화'는 잠재의식을 트레이닝하는 핵심이다. 오늘 하루를 내 의지대로 보내고, 성공적으로 시각화를 진행하려면 매일 아침 나에게 물어야 한다.

　오늘 하루를 어떻게 보낼까?
　어떻게 해야 가장 이상적으로 하루를 보낼 수 있을까?

눈뜨자마자 자기 자신에게 질문하는 행위는 하루를 살아내는 주체를 나에게 돌리는 일이다. 이렇게 하지 않으면 우리는 관성대로 살아가게 된다. 술에 술 탄 듯, 물에 물 탄 듯 시간에 이끌려 가게 된다. 단 하루도 '그냥 살면' 안 된다. 그것은 인생을 길바닥에 버리는 것이나 마찬가지다. 우리의 삶은 유한하며 하루하루가 모여 의미 있는 삶을 만든다. 당신이 사는 하루에는 그 무엇과도 바꿀 수 없는 가치가 담겨 있다.

자기 분야에서 최고가 된 세계적인 저명인사들은 각기 다른 환경과 방식으로 성과를 얻었지만, 매일 빼놓지 않고 시각화하는 공통된 습관이 있었다. 팀 페리스Tim Ferriss의 『타이탄의 도구』에 따르면, 성공자 80퍼센트 이상이 아침에 명상이나 시각화 훈련을 한다고 한다. 부와 성공을 이루려면 마음을 정화하고 미래를 직시하기 위한 시각화를 해야 한다.

시각화는 말 그대로 오늘 하루 동안 가장 이상적이고, 가장 행복한 모습을 머릿속으로 분명하고 세부적인 이미지로 만들어 그리는 것이다. 시각화의 목적은 명확하다. 다음과 같이 내가 할 수 있다는 믿음을 한 치의 의심 없이 잠재의식에 신념으로 새겨 넣기 위함이다.

- 나에게는 오늘 하루를 가장 이상적으로 끌어당길 힘이 있다.
- 나에게는 오늘 하루를 가장 즐겁고 행복하게 보낼 자격이 있다.

우선 편안한 자세를 취한다. 반듯이 앉거나 쿠션을 받쳐 기대어도 좋다. 장소는 이부자리도 좋고 책상과 식탁 등 당신이 온전히 집중할 수 있는 곳이라면 어디든 가능하다. 눈을 감거나 부드럽게 뜨되, 시선을 살짝 아래에 둔다. 숨을 크게 들이쉬고 내쉰다. 들숨에는 에너지를 들이마시고, 날숨에는 의심이나 불안을 내뱉는다고 생각하라. 호흡이 안정되면 시각화에 들어간다.

당신의 오늘 하루가 가장 이상적으로 흘렀을 때를 아주 세부적으로 상상한다. 정말 하루를 살아보는 것처럼 상상력을 100퍼센트 발휘하겠다고 결심하라. 오늘 중요한 비즈니스 미팅이 있다면, 어떤 행위를 할 것이고 어떤 결과를 원하는지 상상하며 당신의 잠재의식이 이를 저장하도록 돕는다. 예컨대 중요한 프리젠테이션 자리에서 그간 오랜 시간과 노력을 들여 연구하고 분석한 내용을 가장 명확하고 설득력 있는 태도로 발표하는 모습을 그린다. 상사나 고객이 내 자료를 집중해서 듣고, 생각이 다를 때는 적절한 합의점을 찾아낸 뒤, 신뢰와 기대로 자리를 마무리하는 모습을 그린다. 이런 과정을 미리 경험하고 나간 자리에서는 종종 상상했던 것 이상으로 좋은 성과가 따라온다. 운동선수들이 머릿속으로 경기에서 승리하는 장면을 그려본 후에 시합에 임하는 것과 같다.

시각화는 최대한 구체적이어야 하며, 이미지를 구체화할 때 느껴지는 감정을 몸으로 느껴보고 기억하는 것이 중요하다. 스스로를 한 영화의 감독이자 주인공으로 상정하는 것이 도움이 된다. 내가 되고 싶고, 이루고 싶은 하루의 일과를 정확하고 구체적으로 상상하며 미리 실현해 보는 것이다. 우리 뇌는 기대에 따라 움직인다. 우리가 무엇을 기대하는지가 오늘의 성과를 이루는 데 막대한 영향을 미친다는 사실을 잊지 마라.

직장에서 중요한 과제를 능숙하게 처리하는 모습, 가정이나 사적인 자리에서 소중한 사람들과 즐겁게 웃고 대화하는 모습, 오늘 목표로 한 만큼의 운동을 해내는 모습 등 원하는 삶을 살기 위해 세운 목표를 하나씩 차근차근히 성취해 나가는 모습을 그려본다. 처음에는 집중하기가 어려울 수 있다. 자신감 넘치는 자신의 모습이 낯설거나 미덥지 않을 수도 있다. 그렇다면 직접 그린 그림이나 비전보드를 바라보는 것으로 훈련하면서 점차 익숙해져도 좋다.

시각화를 마치고 난 뒤의 팁이 있다. 우선 노트와 펜을 준비한 다음, 시각화 과정에서 떠올린 구체적인 모습 중에 새롭게 각성했거나 기억할 만하다고 여기는 특별한 장면이 있다면 기록해 둔다. 휘발되기 쉬운 이미지를 간단히 적어두고 다음번 시각화에서 좀 더 상세하게 그려보면 더 성숙한 꿈에 다가갈 계기가 된다. 둘째, 시각화 훈련에서 상상했던 모습처럼 오늘 하루를 이상적으로 보내기 위해 가장 먼저 무엇을 해야 하는지 일의 우선순위를 작성해 보라. 셋째, 실제로 실행할 액션플랜을 하나 이상씩 적어보라. 넷째, 최소 100일간 매일 공유하고 인증하라. 이 과정을 반복하면 루틴을 지속할 수 있는 힘이 생긴다.

시각화는 잠재의식을 내 편으로 만드는 가장 이상적인 방법이다. 놀랍게도 잠재의식은 매 순간 우리가 느끼는 모든 감정과 기억을 저장한다. 현재를 자각하는 뇌의 상태인 의식은 10~15초에 한 번씩 다른 생각을 떠올리며 이전의 기억을 잊을 정도로 산만하나, 잠재의식은 저장된 기억을 그대로 따라간다. 즉 목표를 정하는 것은 의식의 영역이지만, 그 목표를 달성하는 것은 잠재의식의 영역이다.

시각화로 본 것은 분명히 현실화된다. 시각화로 여러 번 본 것은 꼭 현실에 나타난다. 여러 번 자주 보면 그 스스로 생명력을 받아 언젠가 꼭 현실화된다. 나 역시 내가 본 모든 것이 넘쳐 흘러 현실화되었다.

나는 특히 큰 도전을 앞두고 있을 때 장시간 시각화 연습을 한다. 시각화를 하다 보면, 두렵고 떨리는 감정도 어느새 사라지고 긍정의 에너지가 온몸을 휘감는다. 사업적 비전을 그릴 때도 시각화를 활용한다. 사업을 하다 보면 예측하지 못한 일들이 수시로 생긴다. 일관된 잣대로 해결할 수 있는 문제가 아니라, 상황에 따라 유동적으로 해결해야 하는 일투성이다. 이럴 때 시각화를 활용하면 문제의 본질을 파악하고, 해결하는 데 도움이 된다. 문제를 정면으로 마주하는 데서 문제 해결의 실마리가 보인다.

또한 사장이나 리더에게 꼭 필요한 것은 통찰력과 직관력이다. 통찰력은 사유와 성찰을 통해 큰 그림을 그리는 것이고, 직관력은 축적된 경험을 바탕으로 단박에 진실을 일깨우는 능력이다.

사장은 직원은 물론 누구보다 앞서 있어야 한다. 남들이 쉽게 보지 못하는 것을 보고 미처 생각하지 못한 것을 생각할 줄 알아야 한다. 그래야 직원과 고객을 설득하고 이끌 수 있다. 예를 들어 지금 당장 많이 보이는 것들은 미래에 포화 상태일 확률이 높다. 그러니 지금 필요한 게 아니라 미래에 필요한 것을 내다보는 통찰력을 발휘해야 한다. 아울러 직관력을 통해 시장의 변화나 조직 내부의 분열 등 위험신호를 분별해 내야 한다.

통찰력과 직관력은 저절로 주어지지 않는다. 공부하고 소통할 때에야 열린다. 이를 삶의 문제에 적용하고 최대로 발휘하기 위해서는 무엇보다 자기 내면을 최적화해야 한다. 이때 시각화만큼 효과가 좋은 실천법은 없다. 이상적인 성취를 꿈꾸고 내면의 목소리에 귀를 기울이면서 불안과 불신, 두려움을 떨쳐낸다. 그러면 자기 중심을 잘 잡고 최선의 선택을 할 수 있는 단단한 내적 토대를 다지게 된다. 이는 결국 자기 자신에 대한 진실한 앎으로 돌아가는 길이다.

시각화의 최고 가치는 궁극적으로 내가 누구인지를 알

고 삶의 의미를 깨달아 가는 것이다. 자기 자신은 세상에서 당신이 가장 귀하게 여겨야 할 존재다. 무한한 가능성이 있고 언제든 원하는 대로 변화할 수 있는 의지와 능력을 가진 사람이다. 우리는 인생을 한 번밖에 살지 못한다. 연습을 할 수 없다는 말이다. 시각화를 통해 인생을 연습할 수 있다면 인생은 엄청 쉬워진다. 아무리 어려운 일이 벌어져도 침착하게 대처할 수 있다. 처음 겪는 일이라면 당연히 당황스럽겠지만 열 번째라고 한다면 쉽다. 예를 들어 누군가 당신을 공격한다고 할 때, 처음에는 놀라겠지만 두 번째, 세 번째라면 조금 수월하게 감정을 다스릴 수 있게 된다. 시각화를 통해 이러한 진실한 앎을 내면화하면 삶이 최고의 것들로 가득 찰 것이다.

아침 시간에 여유가 있다면 10분간 시각화를 진행하는 것도 좋다. 하지만 3분으로도 충분하다. 스마트폰이나 티브이를 보지 않고 호젓하게 앉아 나에게 집중하는 시간은 단 1분도 길게 느껴진다. 3분은 당신이 생각하는 것보다 길고 위대하며 폭발적인 잠재력을 가진 시간이다. 귀한 3분을 함부로 날리지 않기를 바란다.

모닝 시크릿 루틴 실전 가이드 1: 시각화
(10분)

오늘도 당신이 원하는
이상적인 하루가 시작되었습니다.

눈을 감고
편안한 자세로 앉으셔도 좋고
누워서 하셔도 좋습니다.

온몸의 힘이 축 빠집니다.
온몸이 축 늘어졌습니다.

숨을 크게 들이마시고
내쉬어 보겠습니다.

숨을 들이마실 때는
상쾌한 아침 공기를 마시면서

모든 긍정이 내 안으로 들어옵니다.

숨을 내쉴 때에는
나를 지치게 했던 피곤과 걱정들이
모두 빠져나간다고 상상해 주세요.

복식호흡을 하실 때에는
들이마시는 것 3초
내쉴 때에는 3배 정도의 시간을 더 들여서 9초
시간을 들여서 천천히 내쉽니다.

오늘도 기대되는 하루가 시작되었습니다.

오늘은 어떤 일정이 있나요?
오늘 오전에 여러분이 실행할
계획을 떠올려 보세요.

시각화를 끝내고 나서
여러분은 아주 개운한 몸으로
하루를 시작합니다.

가장 먼저 무엇을 하고 있나요?

아침은 고도의 집중을 할 수 있는 시간입니다.

중요하지만 급하지 않은 일,
건강한 아침식사, 운동, 나를 위한 자기계발 등
미래를 위한 준비를 할 수도 있습니다.

또는 중요하면서도 급한 일,
오늘 당장 실행해야 할 일들이 있습니다.

나는 이 모든 것을 가장 효율적인 방법으로
지혜롭게 처리하고 있습니다.

자세히 들여다보세요.

오전 일정을 가장 이상적으로 보내는
여러분의 모습을 떠올려 보세요.

나는 최고의 하루를 살고 있습니다.

나는 오늘 아침이 너무 행복하고 즐겁습니다.

오전 일정을 원하는 대로

이상적으로 보낸 여러분은

오후를 침착하고

준비된 마음으로 맞이합니다.

점심 이후의 모든 스케줄을 상상해 봅니다.

점심 이후에

나는 어떤 것을 하고 있나요?

어떠한 계획이 있나요?

나는 데드라인 안에서 모든 일을

지혜롭게 처리하고 있습니다.

오늘도 나는 내가 원하는 모습을 끌어당겼습니다.

나는 얼마나 효율적이고

지혜롭게 시간을 보내고 있나요?
나는 이 순간순간이 너무 즐겁습니다.

가장 이상적으로 오후를 보내는
여러분의 모습을 떠올려 보세요.

오후 일정을 마치고
저녁 시간이 되었습니다.

나는 저녁을 어떻게 보낼 계획인가요?

가장 이상적으로 저녁 시간을 보내는
여러분의 모습을 떠올려 보세요.

누구와 저녁을 함께하고 있나요?
나는 그들과 소중한 시간을 보내고 있습니다.

혼자서 저녁을 보내고 있다면,
나는 아주 소중한 나만의 시간을 보내고 있습니다.

저녁을 먹고 나서 어떻게 시간을 보내고 있나요?

무엇을 하고 있든지
나는 내가 하고 있는 것들이 너무 소중하고 감사합니다.

내가 오늘 하려고 계획한 일정들이
하나씩 마무리되고 있습니다.

나는 아주 뿌듯합니다.

나는 오늘 하루도 가장 이상적으로
내가 원하는 하루를 살았습니다.

이제 잠자리에 들 시간이 되었습니다.
행복한 내일을 맞이할
기쁜 상상을 하며 잠자리에 듭니다.

이제 눈을 뜨고 마칩니다.

유튜브 KELLY CHOI
영상 보기

모닝 시크릿 루틴 2: 3분 확언

켈리의 골든 모닝 시나리오

시각화를 마치고 눈을 뜨니 정신이 더 맑아진 느낌이다. 미리 준비해 둔 물을 한 잔 정도 마신다. 목이 촉촉해지며 식도와 장을 타고 맑은 에너지가 순환한다.

내가 아는 가장 소중한 사람에게 가장 진솔한 말을 건넨다는 마음으로 확언을 시작한다. 수년간 더하고 빼면서 만들어온 목록은 이제 외우고 있을 정도다. 내 유튜브 채널의 확언 영상을 튼다. 차분한 음악과 함께 확언이 흘러나오면 아랫배에 힘을 주고 읊조린다. 잠재의식에 주문을 걸듯 확언을 따라 한다. 한 문장 한 문장 뜻이 잠재의식에 새겨지도록 음미한다. 영혼이 기쁨으로 채워지고 정신이 충만해지는 것을 느낀다.

◆

캐나다 워털루대학교 심리학과의 콜린 매클라우드Colin MacLeod 교수는 읽기와 기억력의 상관관계를 실험했다. 프랑스어를 사용하는 학생들을 네 개의 그룹으로 나누었다. 첫 번째 그룹은 조용히 혼자 책 읽기, 두 번째 그룹은 입술을 움직이며 책 읽기, 세 번째 그룹은 모니터 화면으로 반복적으로 읽기, 마지막 네 번째 그룹은 큰 소리로 반복하며 책 읽기를 시행했다. 과연 어느 그룹이 가장 책의 내용을 오래 기억했을까? 당신의 예상대로 네 번째 그룹이다.

단순히 눈으로 읽는 것보다 입으로 소리 내어 읽는 것은 장기 기억력을 촉진하고, 뇌 활동 전반을 자극한다. 반복적으로 말하지만, 뇌는 우리가 반복적으로 말하고 믿는 방향으로 무의식적 활동을 전개하고, 이 활동은 결국 잠재의식에 뿌리내린다. 내 잠재의식에 심는 반복적이고 감정적인 모든 생각은 반드시 현실이 된다.

이루고자 하는 확실한 목표를 잠재의식에 새겨 넣는 행위를 100일간 실행하면, 잠재의식에 목표와 꿈이 타투처럼 새겨진다. 당신의 최종적인 꿈이 부자라면, 오늘 하루 부자의 모습에 가까워지겠다고 소리 내어 외쳐라. 그리고 외칠 때마다 문장대로 되겠다고 믿고 문장대로 부자가 되어가는 상상, 즉 시각화를 함께하면서 그 풍족한 감정을 온몸으로 온전히 느껴보라. 부의 긍정 확언은 부자가 되고 나서의 기쁜 감정을 미리 느낄 수 있도록 돕는 도구다. 기분 좋은 하루, 완벽한 하루를 만들기 위해 아침에 하면 좋다. 물론 수시로 한다면 더할 나위 없이 효과를 볼 수 있다.

나는 당신이 100일 후 꼭 이루고 싶은 목표를 정하고 매일 당신의 잠재의식에 들려주기를 권한다. 확언이 잠재의식에 새겨지면 이를 확언할 때마다 현실로 끌어당길 수 있게 된다. 이렇게 목표를 하나씩 이뤄갈 때마다 새로운 목표를 추가하면서 자신의 확언 목록을 쌓아가길 바란다.

확언을 꾸준히 반복하다 보면 삶의 모든 면에서 부와 풍요가 흘러넘치는 모습을 발견하게 될 것이다. 외부 조건은 달라지지 않더라도 확언의 힘이 결핍을 풍요로 전환한다. 이때 평소에는 볼 수 없었던 다른 길이 보이기 시작하는데, 나는 이것을 '부자의 물꼬가 튼 것'이라고 말한다. 늘 안 되는 이유만 찾던 인생에서 되는 이유만 찾는 삶으로 완전히 뒤바뀌기 때문이다.

특히 확언은 잠재의식과의 대화라고 생각하고 주의를 기울여야 한다. 확언할 때 가장 중요한 것은 마음가짐이다. 확언은 반드시 긍정적이어야 한다. 온 마음을 다해서 긍정적이고 파워풀한 에너지가 나에게 끌려오고 있다는 확신을 아침 시간의 기본값으로 설정한다. 현실이 도저히 나아지지 않을 것 같고, 도움 청할 사람 하나 없이 주변이 캄캄해도 아침에 부정적인 언설을 내뱉으면 안 된다. 글자 하나하나에 힘을 실어 단어를 통해 들어오는 의미와 완성된 문장에 완전히 몰입해야 한다. 이미 그렇게 되었다고 강하게 믿으면서 넘치는 힘이 몸으로 들어오고 있다고 느껴야 한다. 확언의 결과를 절대로 미리 판단해서는 안 된다. 그냥 믿어버리는 게 중요하다. 자신이 정해놓은 한계를 스스로 철회할 강한 힘이 된다.

또한 확언할 때는 계획을 함께 밝히는 게 좋다. 자신이 어떤 성취를 이루고자 하는지 구체적으로 말해야 한다. 잠재의식은 우리의 마음을 가장 깊이 들여다본다. 당신이 잠재의식에 건네는 말에 진심을 담아라. 그 성취를 이루기 위해 어떤 일을 해야 하는지, 언제까지 성취할지를 포함하라. 그렇게 계획이 세워지면 바라는 바에 맞는 행동을 하도록 동기가 강화된다. 그래야 말에 진심 어린 감정이 담기고 믿음이 생기고 행동이 바뀐다.

확언을 하다 보면 온 우주와 주변의 좋은 에너지가 당신의 인생에 원하는 모든 선한 것을 끌어당겨 준다. 이 끌어당김의 법칙을 한번 믿고, 한 치의 의심 없이 실행해 보라.

온 우주와 내 주변의 좋은 에너지가 당신을 당신이 원하는 곳으로 인도할 것이다.

사업은 혼자 하는 것이 아니다. 혼자 하는 것은 장사의 영역이지 사업의 영역이 아니다. 나는 사업 파트너가 필요할 때도 확언의 힘을 빌렸다. 켈리델리를 창업했을 때부터 계획했던 글로벌 시장으로의 확장을 실행할 때였다. 그때 나는 요식업이나 글로벌 시장에 대한 이해가 아직 부족해서 멘토 겸 파트너가 절실했다. 그래서 매일 아침 거울을 보며 나에게 방향성을 알려줄 파트너를 만날 거라 소리 내어 말했다. 그러면서도 세계 최고의 글로벌 프랜차이즈 브랜드를 만들겠다는 목표에 걸맞게 맥도날드 관계자들을 조사하고 분석했다. 그렇게 나는 맥도날드 중역과 CEO 중에서 적임자를 찾아냈다. 아르바이트생에서 시작해 CEO에까지 오른 입지전적 인물 드니 하네칸이었다. 나는 아침마다 이렇게 확언했다.

"나는 우리 회사에 필요한 경력을 가진 드니 하네칸이라는 사람을 꼭 만날 거야."

확언을 시작하면서 나는 보는 사람마다 그를 꼭 만날 거라고 이야기하고 다녔다. 확언이 자신감을 심어준 덕분에 사람들 앞에서 선언할 수 있었다. 확언은 결국 상상하지도 못한 결과물을 끌어당겼다. 내 선언을 들은 지인이 마침 드니 하네칸을 소개해 준 것이다. 내가 실제로 그와 어떻게 연락할지 방법을 찾아보기도 전이었다. 그렇게 나는 그토록 만나고 싶던 맥도날드의 전 유럽 CEO 드니 하네칸에게 글로벌 시스템 구축 비결을 사사할 수 있었다.

우리 직원들은 나를 '긍정의 왕'이라고 부른다. 내가 이런 별명을 얻은 것은 확언의 힘 때문이다. 확언을 할수록 자신감이 높아지고 생각을 행동으로 옮길 에너지를 충전하며 종종 기발한 아이디어까지 얻는다.

나는 늘 확신에 차 있다. 내 목표와 비전이 분명하기에 직원들과 언제든 막힘없이 투명하게 소통하고, 그들에게 명확하게 지시를 내릴 수 있다. 문제가 발생해도 반드시 해결하리라는 믿음이 있기에 직원들을 격려하면서 한마음으로 전진하자고 설득할 수 있다. 켈리델리가 늘 활기차고 에너지가 넘치는 조직인 이유다.

조직이나 사업을 운영하다 보면 문제는 늘 발생하기 마

런이다. 그때마다 약간의 궤도 수정은 있을 수 있다. 하지만 확신을 놓아서는 안 된다. 자기 의심에 빠진 리더는 자신만 믿지 못하는 게 아니다. 직원을 믿지 못해 불안해하거나 때로는 부정적 언사까지 내뱉는다. 조직을 이끌고 갈 방향 역시 확신하지 못하기에 실패할 수밖에 없다.

아침 확언으로 잠재의식을 트레이닝해 원하는 꿈과 목표를 이루었다는 이야기를 셀 수 없이 들었다. 100일간 확언을 반복해 당신이 그 주인공이 되길 바란다.

모닝 시크릿 루틴 실전 가이드 2: 확언

매일 아침 한 치의 의심도 없이
아침 긍정 확언을 두 번씩 소리 내어 읽거나
따라 해주세요.

따라 하실 때마다, 문장대로 된다고 믿고
문장대로 되는 상상,
즉 시각화를 함께하면서
온몸으로 온전히 느껴보세요.

확언하실 때 중요한 것은 마음입니다.

온 우주와 내 주변의 긍정적이고 파워풀한 에너지가
나에게 끌려오고 있다고 확신하는 마음가짐입니다.

두 번씩 반복하며 따라 해주세요.

- 오늘도 즐겁고 기대되는 하루가 시작되었다.

- 나는 오늘도 내가 원하는 모든 선한 일을 이룰 것이다.

- 나는 성장하고 있다.

- 내 인생은 더 좋은 방향으로 흐르고 있다.

- 나는 용기 있다.

- 나는 부자다.

- 나는 행복한 사람이다.

- 나는 긍정의 왕이다.

- 나에게는 모든 문제의 답을 찾을 수 있는 지혜가 있다.

- 나는 내 꿈에 조금 더 가까이 다가가고 있다.

- 나는 행동하는 사람이다.

- 나는 한번 한다면 하는 사람이다.

- 나는 지금 내게 주어진 것만으로도
  내 인생을 최고로 만들 지혜가 있다.

- 나는 내 인생을 즐기고 있다.

- 나는 끌어당김의 법칙을 잘 알고 실행하고 있다.

- 나는 내가 원하는 것을 끌어당길 것이다.

- 나는 나를 있는 그대로 사랑한다.

- 나는 나의 하루를 좋은 습관으로 채우고 있다.

- 나는 내 꿈을 이루기에 충분한 자질을 갖추고 있으며
  충분히 똑똑하고, 충분히 건강하고, 충분히 용기 있다.

- 모든 것에 감사합니다.
- 모든 것이 고맙습니다.

유튜브 KELLY CHOI
영상 보기

모닝 시크릿 루틴 3: 1분 명언 필사

켈리의 골든 모닝 시나리오

확언을 마치고 몸을 가볍게 움직이며 침대 옆에 둔 다이어리를 펼친다. 나는 이미 수천 개의 명언 목록을 갖고 있다. 독서나 강연을 통해 접했던 문장을 모아둔 것이 많지만, 다른 사람의 말이나 내가 겪은 일에서 영감을 받아 직접 쓴 것도 많다. 명언에 함축된 지혜와 통찰을 접하면 자연스럽게 깨달음으로 이어지고 생각을 유발하므로 글쓰기까지 이어지는 일은 당연하다. 찾아보기 쉽게 간단히 주제를 달아놓으면 골라서 필사하기가 좋다. 영어 원문을 함께 쓰면서 뜻을 곱씹어 보기도 한다.

때로는 침대를 벗어나 통창 옆 채광이 내리쬐는 작은 테이블로 자리를 옮긴다. 테이블은 오직 모닝 저널을 기록하기 위한 나만의 소중한 장소이기도 하다. 의자에 앉아 펜을 든다. 그리고 명언을 쓴다. 오늘의 명언으로 의지를 채운다. 기록하다 떠오르는 번뜩이는 아이디어가 있으면 다이어리에 반드시 메모한다. 그렇게 나만의 명언 리스트를 늘려나간다.

명언 필사는 잠재의식에 쐐기를 박는 절차다. 명언은 '사리에 맞는 훌륭한 말'의 뜻을 가진 단어다. 오늘 이루고자 하는 일을 시각화로 구체화하고, 오늘의 안녕을 큰 목소리로 확언하고, 성공자들이 인생의 철칙으로 삼는 한 문장을 손으로 쓰는 최종적 행위는 시각·청각·촉각을 담당하는 감각수용기를 모두 자극한다. 결과적으로 뇌 활동을 극대화하고 잠재의식에 내 의지를 관철하는 실용적인 방법이다.

새롭게 더 멋진 미래를 살고 싶은 사람은 다양한 명언을 외우는 게 좋다. 하루에 완전한 의미를 가진 단 하나의 문장만을 기억해도 100일이면 100개의 명문장을 외우게 된다. 이 문장들은 잠재의식의 큰 자산이다. 잠재의식에 새겨진 명언은 생각지 못한 골칫거리를 만날 때 빛을 발하는데, 문제에 매몰되지 않고 합당한 출구를 찾는 한 줄기 빛이 될 때가 많다.

다른 시간대는 몰라도 바쁜 아침에 책 읽는 것이 너무 부담스러운 사람이 있다면, 적어도 명언 한 문장이라도 읽기 바란다. 충만한 의미를 가진 한 문장을 매일 읽는 사람의 인생은 분명히 바뀐다. 99퍼센트의 사람들은 명언 한

줄 읽지 않고 인생이 바뀌기를 바란다. 변화하려고 도전하는 사람에게 선물처럼 주어지는 것이 성장이다. 쉽게 얻으려 하지 마라.

또한 명언을 읽은 뒤에는 반드시 그날 하루에 걸쳐 그 내용을 행동으로 옮기겠다는 마음가짐이 필요하다. 아침에 얻은 깨달음을 하루의 지침으로 삼아 언행일치의 습관을 들이면 좋다.

켈리델리의 사업체가 확장하면서 다종다양한 가맹점주를 만나게 되었다. 점주의 본사 만족도가 높은 회사지만, 불만이 없을 수는 없다. 다툼이나 분쟁에 대비한 회사 나름의 방침이 있어도 클레임을 듣고 나면 아무래도 마음이 심란할 수밖에 없다. 그럴 때면 정신적 균형을 되찾기 위해 명언을 필사했다. 거인들의 명언은 상황과 시대를 초월한다는 것을 느꼈다. 내 상황을 알고 쓴 듯한 그들의 명언에 크게 위로받았고, 문장을 반복해서 쓰며 마음을 다스렸다.

혹 아침 시간에 여유가 있다면, 명언을 쓴 뒤 아침 일기를 쓰는 것을 추천한다. 소설과 시, 시나리오를 넘나드는 전방위 작가 줄리아 캐머런Julia Cameron은 수십 년간 사랑받은 저서 『아티스트 웨이』에서 아침 글쓰기, 즉 '모닝 페이지'의 효능을 강조한 바 있다. 아침에 일어나 어떤 검열도 없이 의식의 흐름대로 글을 써내려가는 작업이다. 기상 후 약 45분은 자기방어가 세팅되지 않는 순수의 시간으로, 어떤 가식 없이 있는 그대로의 자신을 직면할 수 있는 시간이다. 그렇기에 그 과정에서 잠재된 자기만의 창조성을 이끌어낼 수 있다.

SNS 채널을 통해 100일간 성공 명언을 올린 적이 있다. 함께 변화하기 위한 시도였다. 우리말과 영어를 함께 올려 명언에 숨겨진 원뜻을 한 번 더 되새기게 하고 언어학습의 의미까지 더했다. 반응은 폭발적이었다. 100일간의 명언 필사로 마인드가 긍정적으로 변화했다는 켈리스(구독자 애칭)들의 살아 있는 목소리를 들을 수 있었다. 아침에 읽으면 좋을 핵심 명언 중 몇 가지를 골라 웰씽킹 홈페이지에도 정리해 두었으니 꼭 활용하기 바란다.

모닝 시크릿 루틴 실전 가이드 3: 명언 리스트

- 기회를 기다리지 말라. 기회를 만들라!
- 우리의 가장 큰 약점은 포기하는 것이다. 가장 확실하게 성공하는 방법은 항상 한 번만 더 도전해 보는 것이다.
- 당신이 당신의 꿈을 위해 희생하지 않으면, 당신의 꿈이 희생될 것이다.
- 조용히 열심히 노력하라. 당신의 성공으로 세상을 떠들썩하게 하라.
- 꿈은 이루기 쉽지 않다. 그러나 불가능하진 않다.
- 성공은 당신이 가끔 하는 것이 아니라 지속해서 하는 것에서 비롯된다.
- 성공을 위한 엘리베이터가 없다면 한 계단 한 계단 밟고 올라가야 한다.
- 위대한 사람도 한때는 초보자였다. 첫발을 내딛기를 무서워하지 마라.
- 당신은 당신이 믿는 대로 된다.

- 자주 실패하라. 빨리 실패하라. 돈을 적게 들이고 실패하라.
- 변화 없는 진보는 불가능하다. 생각을 바꿀 수 없는 사람은 아무것도 바꿀 수 없다.
- 성공에 비밀은 없다. 단지 준비·노력·실패를 통해 학습한 결과일 뿐이다.
- 가장 개인적인 것이 가장 창의적인 것이다.
- 성공은 여섯 가지 우수한 영역에서 온다. 바로 아이디어·혁신·계획·분석·전략·리더십이다.
- 당신의 생각은 현실이 된다.
- 사랑하는 내 사람(배우자·연인·가족)은 내 기쁨의 근원이자 세상의 중심이며 내 모든 마음의 중심이다.
- 책은 당신이 돈으로 살 수 있는 것 중에 유일하게 당신을 부자로 만들어주는 것이다.
- 수많은 성공한 사람 중 단 한 사람도 희생 없이 그냥 우연히 성공한 사람은 없었다.
- 이 세상 누구와도 자신을 비교하지 마라. 그것은 스스로를 모욕하는 일이다.
- 지금 하고 있는 일이 내가 꿈꾸는 삶에 닿을 수 있도록 도와주는지 스스로에게 물어보라!

켈리 최 추천 명언
더 보기

모닝 시크릿 루틴 4: 3분 독서

켈리의 골든 모닝 시나리오

육성으로 발화하며 확언하고, 손의 움직임과 감각을 동원해 필사까지 마치고 나니 몸과 마음의 감각이 더 깨어나는 느낌이다. 침대 맡에 있는 책을 다시 펼쳐 든다. 잠들기 전에 읽었던 책의 줄거리가 다시 떠오른다. 나는 약간의 난독증이 있어 글을 읽는 게 쉽지 않고 속도를 내기도 어렵다. 그래서 한 권의 책을 천천히 읽는 편이다. 정말 좋은 책이면 재독의 과정을 반복하며 저자의 면면을 들여다보고, 내 생각도 함께 들여다본다.

나에게는 독서 자체가 확언이다. 책에 담긴 성공을 위한 생각과 믿음을 내 잠재의식에 새긴다. 아침에 내게 찾아온 문장과 글귀가 주는 힘을 온전히 수용하려고 노력한다. 때로는 오디오북을 활용하기도 한다. 중요한 건 매체가 아니다. 하나라도 더 배우고 깨치려는 자세다.

◆

우리는 하루에 수만 가지 생각을 한다. 이 수만 가지 생각 중 새로운 것이 거의 없다면 믿어지는가? 새로운 자극이 주어지지 않으면 어제 한 생각의 95퍼센트를 똑같이 하는 것이 아주 평범한 우리의 모습이다.

어제와 같은 생각을 한다는 것은 어제와 같은 말을 하며 산다는 것이다. '지겹다' '되는 일이 없다' '하기 싫다' 등등 어제 한 생각의 고리를 끊지 않으면 오늘도 그 생각을 하게 된다. 생각은 말을 만든다. 새로운 말을 하기 위해서는 새로운 생각이 필요하다. 더욱이 부정적인 생각은 관성의 힘이 강하다. 개선하려는 노력 없이 불평하기가 얼마나 쉬운가. 러시아의 대문호이자 사상가인 표도르 도스토옙스키는 말했다.

사람들은 새로운 말을 내뱉는 것을 가장 두려워한다.

독서는 생각을 전환하는 마중물이자 틀에 박힌 생각을 부수는 도끼다. 가만히 있으면 그날이 그날이고, 변할 수 없는 사람이 된다. 생각의 틀과 내용을 바꿔주는 가장 확실한 방법은 독서다. 책을 단순하게 지식을 쌓는 일로 생각한다면 오산이다. 독서는 당신조차도 모르는 당신 내면의 세계를 확장하는 일이다. 잠재의식에 심은 부의 씨앗을

싹틔우는 중요한 활동이다. 게다가 주변에 있지 않은 성공자들을 일대일로 만나는 일생일대의 기회다.

성공하려면 단연 마음을 잘 다스려서 일을 그르치는 법이 없어야 하고, 영적으로 건강한 상태를 유지해야 한다. 하루 3분 이상의 독서는 마음의 양식과 삶의 성장을 도모한다. 책을 읽는 데 3분은 짧은 시간이 아니냐 묻는 사람이 있을 것이다. 그 말도 맞다. 다만 이 책은 아침을 최대한 활용하고, 잠재의식을 내 편으로 만드는 행동 법칙에 관한 책이다. 독서라는 행위 자체를 아침 습관으로 만드는 것이 주목적이라는 말이다. 시간 여유가 된다면 당연히 독서 시간을 요령껏 늘리길 권한다. 하지만 내가 더 강조하고 싶은 것은 바쁜 아침 시간을 쪼개 독서 습관을 생활화하는 것이다.

내가 사업을 준비할 때 한 분야의 책 100권을 반복해서 읽었다는 일화가 이미 익숙한 독자도 있겠다. 자주 말하는 이유는 그만큼 독서가 중요하다고 생각하기 때문이다. 이때 생긴 독서 습관으로 책 읽기가 생활이 되었다.

나는 먼저 100권의 도서 목록은 물론 독서 기한까지 정해 하루치의 독서 분량을 계획하는 편이다. 독서를 통해 새롭고 다양한 시각을 얻기를 즐기므로, 10권보다는 100권을 선호한다. 그렇다고 1년에 몇천 권씩 읽을 필요는 없다. 권수에 집착하는 다독은 지양하기 바란다. 읽은 내용을 곱씹고 실제 내 것으로 적용하는 시간이 성장에 결정적이기 때문이다.

책을 읽을 때는 보통 밑줄을 그으며 읽는다. 종종 거듭해서 읽을 때는 다른 색깔로 밑줄을 그으며 전에 읽은 부분까지 빠르게 반복해서 익힌다. 그중에 독특한 깨달음을 주거나 적용할 점이 있는 부분은 노트에 필사한다. 나아가 100권에 담긴 여러 지식과 지혜를 새롭게 조합해 얻은 나만의 인사이트는 반드시 기록해 두고 삶에 적용한다. 주변에 좋은 책을 추천하는 일도 내가 독서를 즐기는 이유 중하나다.

책은 나를 늘 깨어 있게 한다. 특히 나보다 훨씬 똑똑하고 유능한 직원들에게 비전을 제시하고, 가슴에 불을 지피려면 회사의 수장인 내가 늘 깨어 있어야 한다. 사업적으로 켈리델리는 세계 최고의 인재가 몰려드는 회사다. 내로라하는 엘리트도 적지 않다. 특히 이사회를 할 때는 맥도날드 유럽 CEO를 지냈던 드니 하네칸을 비롯해 유명 대

기업에서 일하다가 나와 함께 일하게 된 글로벌 인재들이 모인다. 그뿐만 아니라 각종 국제 컨퍼런스나 사업가 회의, 투자자 모임 등 다양한 글로벌 인재들이 모이는 장소에 가면 나는 그 자리에서 유일한 여성이거나 유일한 동양인일 때가 많다.

내가 그들과 종종 심도 있는 안건을 논할 때 위축되지 않는 이유는 다양한 실행 경험과 독서 덕분이라고 생각한다. 특히 많이 아는 것보다 문제의 본질이 무엇인지 파악하고 거기서 길을 잃지 않는 힘이 중요함을 책을 통해 배웠다. 옥석을 가리기 어려운 좋은 의견들 가운데 무엇이 올바른 선택인지 주저함 없이 골라내는 내 능력을 직원들은 신뢰한다.

숱한 리더십 책을 읽으며 조직의 성숙을 이끈 아이디어를 고안하기도 했다. 대표가 없을 때도 직원들이 성장할 수 있도록 코칭 시스템을 만들었다. '신뢰와 추적Trust and Tracking'이라고 이름 붙인 조직 운영 방식이다. 직접 운영하는 것도 경영이지만, 내가 없어도 잘 돌아가게 만드는 것 역시 다른 차원의 경영이라는 게 내 경영 철학이다. 특정인에게 의존하거나 직원들의 성장을 독려하지 않는 회사는 언제든 무너질 위험을 안고 있다. 회사에 효율적인 시스템과 건강한 기업문화가 필요한 이유다. 직원들이 올바른 판단력을 갖고서 스스로 중요한 의사결정을 하게 하려면 먼저 각 분야 리더들에게 리더십을 심어줘야 했다. 나는 그들이 리더십을 트레이닝할 수 있도록 지원하고 투자했다. 그중 하나 역시 독서였다.

이렇게 직원들에게 책임을 위임할 수 있었던 데는 물론 내 대담한 성정도 한몫했지만, 기본적으로 인간에 대한 이해가 있었기 때문이다. 인간은 믿어주는 사람이 있을 때 더 믿음직스러워진다. 그들이 믿을 만한 사람이라 믿었다기보다는, 내가 먼저 믿어주었기 때문에 믿을 만한 사람이 되었다. 이와 관련해 켈리델리에는 특별한 기업문화가 또 있다. 직급이나 직위를 막론하고 우리는 다 똑같은 조직 구성원이라는 신념하에 신입이든 대표든 동일한 책상을 쓴다. 이동이 많은 현장 직원이 좋은 차를 타고 사장은 오히려 자전거를 타고 출퇴근한다. 진정성 있는 신뢰와 애정으로 아랫사람을 포용하고 신뢰하는 리더는 구성원의 무한한 헌신과 충성을 이끌어낼 수 있고 그 조직은 결국 뜻을 이룬다. 모두 책에서 얻은 통찰대로다.

이렇듯 나는 인간의 복잡한 심리와 본성을 깊이 이해하려고 책을 읽는다. 사업이란 그리고 인생이란 인간을 이해하는 데서 시작해 인간을 이해하는 것으로 끝난다. 리더십뿐 아니라 대인관계에서도 좋은 성과를 내고 싶다면 독서만큼 중요한 것은 없다. 책은 개인적 경험이나 단순 테크닉만으로는 도달하기 어려운, 풍부하고 보편적인 이야기를 깊게 다루기 때문이다.

아침에는 자기계발 분야의 책을 읽기를 추천한다. 책 속 문장 하나하나가 확언과 같은 역할을 하면서 긍정적이고 파워풀한 에너지를 주기 때문이다. 사실 독서 자체가 나 자신을 스스로 응원하고 위로하는 행위다. 저자와 같은 생각을 갖고 있었다면 자신감이 생길 것이고, 새로운 관점을 얻었다면 문제를 해결하고 중요한 결정을 내릴 때 큰 힘이 된다. 이렇듯 계속 성장하려고 노력하는 자신을 지켜보며 자기애와 신뢰가 생기지 않는 사람은 없다. 이는 잠재의식에도 영향을 미쳐 자신에 대한 긍정적 이미지를 새기게 해준다.

책을 고를 때는 주변 사람들에게서 추천받아도 좋다. 하지만 어떤 책이든 마음의 끌림이 있는 책을 선택하는 것이 중요하다. 한 줄만 읽어도 즐겁고, 내 꿈을 지지해 주는 책을 고르는 게 우선이다. 그럼에도 어떤 책을 읽어야 할지 모르는 분들을 위해 아침에 읽으면 좋은 책 리스트를 소개한다. 하나같이 자기계발 분야의 주옥같은 명저들이다. 각 분야의 성공자 중에 이 책을 읽지 않은 이들은 단 한 명도 없으리라 확신한다. 다음의 명언을 기억하라.

책은 당신이 돈으로 살 수 있는 것 중에 유일하게
당신을 부자로 만들어줄 수 있다.

아울러 이 책을 읽는 분이라면 내 책『웰씽킹』도 읽기를 추천하고 싶다.『웰씽킹』은 내가 1000명의 성공자의 책을 수년 동안 '씹어 먹은' 끝에 도출해 낸 성공 법칙을 직접 실행해 보고 효과가 좋았던 것들만 모아서 쓴 책이다. 특히 내가 이번 책에서 제안하는 구체적 실천법을 따르면서『웰씽킹』을 독서 루틴을 시작하는 첫 책으로 삼는다면 효과가 몇 배로 증대되리라 믿는다.

모닝 시크릿 루틴 실전 가이드 4:
자기 관리를 위한 책 리스트

『파리에서 도시락을 파는 여자』(켈리 최 저, 다산북스, 2017)

『웰씽킹』(켈리 최 저, 다산북스, 2021)

『시크릿』(론다 번 저, 살림Biz, 2007)

『아주 작은 습관의 힘』(제임스 클리어 저, 비즈니스북스, 2019)

『어떻게 말할 것인가』(카민 갤로 저, 알에이치코리아, 2014)

『데일 카네기의 자기관리론』(데일 카네기 저, 더클래식, 2010)

『프리워커스』(모빌스 그룹 저, 알에이치코리아, 2021)

『마지막 몰입』(짐 퀵 저, 비즈니스북스, 2021)

『절제의 성공학』(미즈노 남보쿠 저, 바람, 2013)

『미라클 모닝』(할 엘로드 저, 한빛비즈, 2016)

『레버리지』(롭 무어 저, 다산북스, 2019)

『그림의 힘』(김선현 저, 8.0(에이트포인트), 2015)

『체 게바라 평전』(장 코르미에 저, 실천문학사, 2005)

『마인드셋』(캐롤 드웩 저, 스몰빅라이프, 2017)

『오리지널스』(애덤 그랜트 저, 한국경제신문사, 2016)

『에이트』(이지성 저, 차이정원, 2019)

『나는 세계일주로 경제를 배웠다』(코너 우드먼 저, 갤리온, 2011)

『나는 4시간만 일한다』(팀 페리스 저, 다른상상, 2017)

『스티브 잡스』(월터 아이작슨 저, 민음사, 2011)

『아웃라이어』(말콤 글래드웰 저, 김영사, 2009)

『성공하는 사람들의 7가지 습관』(스티븐 코비 저, 김영사, 2003)

『넛지』(리처드 탈러·캐스 선스타인 공저, 리더스북, 2009)

『스위치』(칩 히스·댄 히스 공저, 웅진지식하우스, 2010)

『프로페셔널의 조건』(피터 드러커 저, 청림출판, 2012)

켈리 최 추천 도서
더 보기

모닝 시크릿 루틴 5: 10분 운동

켈리의 골든 모닝 시나리오

독서까지 마치니 정신과 마음에 한 점의 얼룩 없이 정화된 기분이다. 몸에도 훈기가 돈다. 침대에서 빠져나와 자고 일어난 자리를 간단하게 정리한다. 그러고는 요가 매트로 향한다. 내 유튜브 채널의 운동 확언을 틀고 몸풀기를 시작한다. 매트 위에 누워 온몸에 긴장을 풀고 천장을 본다. 경추부터 발목까지 아프거나 불편한 곳은 없는지 관절과 근육을 천천히 움직이며 체크한다. 기지개를 크게 켜며 스트레칭한다. 스트레칭은 내가 가장 중시하는 운동이다. 특히 아침에 활력을 불어넣는 데 이만 한 것이 없다.

가벼운 요가 동작과 함께 오늘 내 몸과 마음의 컨디션은 어떤지, 묵은 스트레스가 숨겨져 있는 것은 아닌지 살펴본다. 마흔 이후, 나 자신을 더 살뜰히 챙기기 위해 갖게 된 습관이다. 소중한 몸이 오늘도 고된 일정에서 나를 지켜주기를 간절히 바라며 천천히 몸의 여러 부분과 대화하면서 움직인다. 잠재의식에 나는 건강하다는 생각을 심는다. 생각에도 근육이 생기는 기분이다.

수기치인修己治人. 스스로 마음과 몸을 수양하고 세상을 다스린다는 뜻이다. 더 넓은 세상으로 나가 세상을 다스리려면 일단 나 자신부터 다잡아야 한다.

시각화와 확언, 필사, 독서로 잠재의식을 트레이닝했다면, 몸도 트레이닝하는 습관을 들여야 한다. 우리의 몸과 마음은 긴밀하게 연결되어 있다. 마음과 몸이 조화로운 균형을 이루게 돕는 활동이 운동이다. 낮 동안 배우고 기억하기 위해 뇌를 사용하는데 아침에 하는 운동은 뇌 기능을 활성화해 학습하기에 좋은 상태로 세팅한다.

우리는 잠을 자며 하루 동안의 쌓인 피로를 해소하고, 새로운 에너지를 충전한다. 잠을 자는 동안 체온과 심박수가 내려가는데, 이때 근육이 수축되고 뇌 활동도 둔화된다. 가벼운 운동으로 하루를 열면서 수면 상태로 낮아진 몸의 에너지를 끌어올리는 것은 하루의 활력과 생산성을 좌우한다. 아울러 아침 운동은 수면의 질도 향상시킨다.

건강한 몸은 약간의 자극으로도 수면 상태에서 깨어난다. 가벼운 스트레칭, 복식호흡에 중점을 둔 요가 동작, 전신운동인 플랭크 자세를 1분간 취하는 것으로도 효과를 볼 수 있다는 말이다. 나는 아침에 플랭크 동작을 빠지지 않고 실행한다.

각 분야의 성공자들은 일주일에 세 번, 30분 이상 유산소 운동을 한다. 결정권자들의 체력은 회사의 향방을 결정하는 보루가 될 때가 있다. 거대한 수익이 걸린 중대한 회의에서 숫자 하나를 양보하지 않기 위해 버텨야 하는 순간이 있는데, 그때 필요한 것은 명민한 지성도 유려한 언변도 아닌 오직 체력이다. 체력이 있어야 자신이 책임지고 있는 회사의 구성원들에게 더 많은 이익을 배분할 수 있다.

집 밖으로 나와 아침 산책이나 달리기를 해도 좋다. 기상 후에는 코르티솔과 같은 스트레스호르몬의 분비가 가장 왕성해 긴장도가 높아진다. 긴장을 이완하고 평온한 상태를 회복하려면 소위 '행복 호르몬'이라 불리는 세로토닌이 활성화되어야 한다. 아침의 부드러운 햇살은 세로토닌과 같이 활력을 주고 기분을 좋게 하는 호르몬의 분비에 큰 도움이 된다.

켈리스와 함께 끈기 프로젝트로 운동 편을 진행했을 때는 100일간 매일 집에서도 할 수 있는 간단한 운동을 권했다. 예를 들어 월요일은 하체 운동으로 점핑잭·런지·마운틴클라이머·스쿼트를, 화요일은 상체 운동으로 버피테스트

·덤벨 로·숄더프레스·레이즈를, 수요일은 유산소 운동으로 버피테스트·크런치·마운틴클라이머·레그레이즈를 목요일은 하체 운동으로 사이드밴드(목도리도마뱀 운동)·와이드스쿼트·런지·스쿼트 버티기를, 금요일은 상체 운동으로 점핑잭·푸시업·킥백·덤벨 컬을 각각 제안하는 식이다.

장소에 구애받지 않고 특별한 기구 없이 누구나 할 수 있는 간단한 운동이었다. 매일 서너 가지의 운동을 돌아가면서 15개 이상씩 기본 5세트로 진행하도록 안내했다. 물론 그날그날 본인의 몸 상태와 일정에 따라 스스로 조절하게 했다. 또 해당 날짜의 운동은 전문 트레이너가 직접 시연한 영상을 보면서 따라 할 수 있게 했다.

내가 처음 10분 운동을 결단하고 선언했을 때, '그까짓 10분이 무슨 운동이냐, 1시간이나 30분씩 하지 않으려면 아예 시작하지 않는 게 낫다'라고 말하는 사람이 많았다. 하지만 이 '10분'은 마법이었다. 10분쯤이야 하고 운동을 시작하면 좀 더 하고 싶은 마음이 절로 든다. 그래서 20~30분 이상으로 늘려서 운동한다. 하지만 하루 이틀은 20~30분씩 거뜬히 운동하던 사람도 삼사일째 되면 운동을 부담스러워 하고 실제로 하지 않으려 든다. 처음에 품었던 의지는 쉽게 흐지부지되기 마련이다. 이런 이유에서 습관이 붙기 전까지는 더도 덜도 말고 딱 10분만 하기를 권한다. 그래도 운동을 더 하고 싶다면 아침에 10분간 운동하고 나서 오후에 얼마든지 더 할 수 있다.

운동은 복리 성장의 기적이 몸이라는 실체로 극명하게 나타나는 습관이다. 특히 몸 근육과 함께 생각 근육이 차오르면 서로 영향을 미치며 더 단단해진다.

내가 처음 10분 운동에 도전했을 때, 30일간 10분씩만 운동했는데도 벌써 아랫배에 힘이 생겼다. 특히 100일의 도전을 마쳤을 때는 바디 프로필을 찍겠다고 결단하고 선언할 배짱까지 생겼다. 바디 프로필은 정말 쉽게 도전할 만한 일은 아니다. 100일간 최소한 하루 2시간에서 많게는 5시간씩 운동을 해야 한다. 그런데 의지력이 약한, 그것도 운동에 가장 취약한 내가 해낼 수 있었던 원동력은 바로 10분간 100일의 운동이었다. 사람들은 그까짓 10분이 무슨 도움이 되겠냐고 비난했지만 내가 그 기적의 증거다. 당신도 나와 함께 100일간 10분 운동을 실행하겠다고 결단하고 선언하길 바란다.

시간이 없어 운동을 못 한다는 사람들이 있다. 나는 이 말이 마치 한숨 쉴 시간은 있지만 숨 쉴 시간은 없다고 푸념하는 것처럼 들린다. 시간이 없어서 운동을 못 한다는 말은 우리의 현실을 대변하는 말이 아니다. 시간이 없는 것이 아니라 '우선순위가 아니어서 운동하지 않는다'라는 것이 정확하게 현실을 꿰뚫는 말이다. 하루 24시간은 누구에게나 같다. 돈이 많다고 하루에 한 시간이 더 주어지는 것도 아니고, 가난하다고 한 시간이 덜 주어지는 것도 아니다. 주어진 24시간을 어떻게 쓸 것인가는 온전히 당신에게 달려 있다.

백만장자들이 운동하는 이유는 건강을 위한 필요성을 느끼기 때문이다. 운동은 자신감과 성취감을 높여 일이나 관계, 사업 등 삶 전반에서 더 좋은 결정을 내리는 기반이 되기도 한다. 자신만의 사명을 운동과 연결하는 게 핵심이다. 사명을 이룰 체력을 제대로 다지지 못하면 이 기나긴 싸움에서 이길 수 없다.

성공하는 사람들은 생각한 것을 꼭 실행한다. 그들은 될 것인지 안 될 것인지 미리 짐작하지 않는다. 이것저것 따지지 않고 그냥 실행할 뿐이다. 그리고 시행착오를 수정해가며 꾸준히 성장한다. 그들이 공통적으로 매일 아침 강한 의지력을 발휘하며 운동하는 것은 우연이 아니다.

마음이 병들면 몸에도 병이 들고 만다. 마음에 병이 생긴 분들에게 더 권하고 싶은 것이 운동이다. 몸이 건강해지면 마음도 치유될 수 있다. 내가 극심한 우울증에 시달리다가 맨 처음 시작한 것도 걷기였다. 스스로를 방 안에 가두며 나 자신을 방치했을 때 바닥에 들러붙은 마음만큼이나 내 몸도 망가져 있었다. 이미 몸과 마음이 상했던 터라 15분도 채 걷기 어려웠지만 그날의 생동감을 아직도 기억한다. 매일 아침 눈을 뜨면 온 동네를 걷고 또 걸었다. 그렇게 3개월이 지났을 때, 하루에 4시간 정도 걸을 수 있는 체력을 갖게 되었다.

몸이 건강해지니 마음에도 자연스레 자신감이 붙었다. 몸 근육이 생각 근육을 만든다는 깨달음도 이때 얻었다. 자신감은 곧 생각의 건강으로 이어졌고, 건강한 생각에서 도전하고 행동하고 싶다는 용기가 피어났다.

어렵게 동굴 밖으로 나온 뒤에는 사업을 준비하면서 2년간 하루도 빠짐없이 마트로 출근했다. 마트 직원보다도 더 자주 갔고, 그보다 더 오래 머물렀다. 당시 요식업과 유통업에 관해 아는 게 전무했던 내가 새로운 사업에 필요한 지식과 감각을 직접 관찰하고 현장에서 발로 뛰며 얻었던 귀중한 시간이었다. 하지만 그뿐만이 아니다. 그때 찍힌 무수한 발자국들은 내 마음과 생각을 단단하게 다지는 계기가 되었다.

나는 아직도 사업상 문제가 안 풀릴 때면 1시간씩 걷는다. 진짜 복잡한 문제는 책상에서 풀리지 않는다. 숲을 벗어나야 숲이 보이듯, 일단 문제상황에서 약간의 거리를 두어야 문제의 실마리가 보인다. 걷다 보면 산란해진 정신에 균형감이 찾아온다.

만약 당신이 삶의 여러 면에서 회복이 필요한 상황이라면, 당장 아침에 일어나 가벼운 운동을 시도하기 바란다. 처음에는 무리하지 말고 아주 조금씩만 움직여도 좋다. 거창하게 생각하지 않는 게 핵심이다. 처음이라고 의욕이 넘쳐 한두 시간을 소비하면 다음 날은 일어나지 못할 것이다. 조급함을 버리고 지금 내 몸에 맞게 조금씩 활동하자. 아무리 높이 나는 새도 처음에는 작은 날갯짓으로 도약하듯 그 조금의 움직임이 당신에게 놀라운 변화를 가져다줄 것이다.

모닝 시크릿 루틴 실전 가이드 5: 운동 확언

운동 확언은
운동하고 싶지만 몸이 따라 주지 않을 때
운동을 즉시 시작하게 만드는
마법 같은 확언입니다.

중간쯤에는 걷고 싶어지고
다 듣고 난 후에는
뛰거나 운동하는 자신을 발견할 것입니다.

또 작심삼일을 타파하고 싶은 분들,
몸이 아프거나 몸을 움직이는 게 불편한 분들에게
건강 회복과 근육 발달에 도움이 되기를 바라는 확언입니다.

시각화와 근력 운동을 병행할 때
병행하지 않았을 때보다

운동 효과가 훨씬 더 컸다는 연구 결과가 있습니다.

운동을 하지 않을 때 영상만 틀어봐도
긴장되고 두근거리는 마음이 들며
가득 차오르는 운동 에너지를 느낄 수 있습니다.

가장 먼저
나는 반드시 해내는 사람이라고 선언합니다.

- 내 몸은 유연합니다.
- 내 몸과 마음은 강합니다.
- 나는 나 자신을 믿습니다.
- 나는 나의 능력을 믿습니다.
- 나는 무한한 가능성이 있는 존재입니다.
- 나는 있는 그대로의 내 모습을 사랑합니다.
- 나는 파워풀합니다.
- 나는 강한 사람입니다.
- 나는 엄청난 사람입니다.
- 나는 대담하고 용감합니다.
- 나는 컨디션이 참 좋습니다.
- 나는 체력이 좋습니다.

- 나의 컨디션은 최상의 상태입니다.
- 나의 내면에 엄청난 에너지가 있습니다.
- 나는 건강과 체력을 타고났습니다.
- 나는 충분히 건강하고 파워풀합니다.
- 나는 똑똑하게 움직입니다.
- 나는 책임감 있고 결단력 있는 사람입니다.
- 나는 지금의 순간에 집중할 줄 아는 사람입니다.
- 나는 내가 성취할 수 있는 것들에 대해 확신합니다.

유튜브 KELLY CHOI
영상 보기

습관 부자가
되는 길

탁월함은 습관으로 만들어진다

성공하는 사람들은 습관 형성의 달인이다. "엄청난 퍼포먼스를 내는 비결이 뭔가요?"라고 물으면 대부분 손사래를 치며 말한다. 기본에 충실했을 뿐이라고. 그들은 습관에 따라 행동한다. 습관이란 의식적인 노력 없이 몸에 배서 자연스럽게 나오는 반복적 행동을 뜻한다. 하루에도 수만 가지 행동을 하는 우리가 습관대로 움직이지 않는다면 우리는 사소하거나 중요하지 않은 일을 할 때도 상당한 에너지를 사용하게 될 것이다.

습관에 따른 행동은 상당한 편익을 주는데, 이를 바탕으로 많은 사업가가 창의적으로 문제를 해결하는 능력을 발휘한다. 먼저 특정 행동을 할 때 촉발되는 불필요한 감정 소모를 막을 수 있다. 또 쓸모없이 머뭇대는 시간을 줄일 수 있고, 다른 일에 눈을 돌리거나 헤매는 수고를 생략할 수 있다. 무엇보다 다른 중요한 일에 몰입할 에너지를 확보할 수 있다.

'좋은' 습관은 우리를 탁월함과 성공으로 이끈다. 좋은 습관을 최대한 확보하면 성공의 크기가 커진다. 좋은 습관을 가진 성공자들에게는 두 가지 특징이 있다. 첫째, 꿈이 명확하다. 명확한 꿈은 강한 동기와 의지, 욕망으로 이어진다. 그들은 가짜 꿈이 아닌 진짜 꿈을 꾼다. 그 정체는 진정성에서 우러나오는 간절함이다. 간절함은 꺼지지 않는 꿈의 불꽃이 되어 스스로 에너지를 공급한다. 언제든 꿈의 주인을 다시 타오르게 한다. 간절함은 언제나 성공의 핵심이다.

둘째로, 좋은 습관을 가진 성공자들은 반드시 행동한다. 그들은 말과 행동의 거리가 멀지 않다. 일단 자동화된 행동을 습관 회로에 입력하면 자기도 모르게 수행하게 된다. 공부하는 모든 학생이 1등이 되는 것은 아니듯이, 행동하는 모든 이가 성공하는 것은 아니다. 성공자들은 좋은 습관으로 성공 경험을 쌓은 덕에 전략적으로 행동한다. 예컨대 시간·사람·돈·교육 등 일련의 주변 자원을 십분 활용하고, 도움이나 배움을 청하는 데 주저함이 없다.

앞서 꿈을 잠재의식에 깊게 새기는 모닝 시크릿 루틴 다섯 가지를 제안했다. 이어지는 장에서는 꿈을 현실로 만들 수 있도록 루틴을 습관화하기 위한 5단계 습관 솔루션을 제안하려 한다. 습관을 형성하고 유지하는 일은 쉽지 않다. 진짜 꿈을 찾아 방향 설정을 마쳤다면 행동의 습관화를 돕는 해결 전략이 필요하다. 5단계 솔루션의 핵심은 결단·선언·협업·인증·보상이다. 이 5단계 솔루션은 인생의 전 영역에 걸쳐 성공 습관을 만드는 데 적용할 수 있다. 충분히 활용해 당신만의 성공 습관을 최대한 많이 만들기를 바란다.

그런데 이미 내 책『웰씽킹』을 읽은 사람이라면 '부를 창조하는 생각의 뿌리'가 되는 '결단'과 '선언'이 익숙할 수 있다. 결단과 선언은 생각을 바꾸는 '마음의 행동'이기도

하지만 실천을 만드는 '몸의 행동'이기도 하다. 모두 변화와 성장을 촉발하는 뿌리임에 틀림없다. 이를 기억하기 바란다.

당첨 번호가 정해진 복권이 당신에게 있다

우리가 사는 현대사회의 특징 중 하나는 미래를 대비할 수 없을 정도로 사회 변화가 급격하다는 것이다. 통제와 예측이 불가능한 시대를 사는 현대인은 자기 힘으로 통제할 수 있는 무언가를 열망한다. 인생의 성공자들은 통제 대상을 아주 사소한 것에서 찾는다. 일단 아침에 일어나 밤새 헝클어진 이부자리부터 정리하며 자신의 생활 반경을 깔끔하게 통제한다. 그리고 다양한 아침 루틴을 실천하며 자신의 신체와 정신, 마음까지 통제 영역을 넓혀간다.

더 나아가 자신의 꿈을 명확히 하고 꿈을 향해 가는 길에서 지치거나 흔들리지 않게 절제력을 발휘한다. 자기 몸과 마음을 절제할 수 있는 사람이 한 분야의 최정상에 오르는 이유다.

당신에게는 명확한 바람과 꿈이 있는가? 막연한 꿈은 허구에 그치지만, 명확한 꿈은 현실이 된다. 아직 진정한 자신의 꿈이 뭔지 모르겠는가? 복잡하게 생각하지 말고, 잠깐 시간을 내어 지금 내가 하는 말을 실행해 보기 바란다.

숨을 깊게 들이마시고 내쉬는 복식호흡을 10회 반복한다. 호흡이 익숙해졌다면 지그시 눈을 감는다. 몸과 마음의 긴장을 모두 내려놓고 '나는 상상력이 아주 강한 사람이다'라고 생각한다. 그리고 5~10년 사이에 직업적으로 가장 성공한 내 모습을 한 장의 사진처럼 그려본다. 사진 속 바로 그 모습이 당신의 꿈이다. 꿈을 찾는 시각화는 당신이 골똘히 집중하고, 자기 자신을 들여다볼 때 그 진가를 발휘한다.

명확한 꿈을 찾았다고 하는 사람도 꿈을 위해 절제력을 발휘할 준비가 되어 있는지 자문할 필요가 있다. 흔히 사람들은 부자가 간절히 되고 싶다고 한다. 하지만 대부분 부자가 되기 위한 어떤 행동도 하지 않는다. 말과 행동의 거리가 먼 것은 간절한 꿈이 아니다.

이탈리아의 한 마을에 가난한 자가 있었다. 그는 경제적 궁핍에서 벗어나게 해달라고 매일 기도했다. '하느님, 제발 복권에 당첨되게 해주세요.' 그의 기도는 몇 해 동안 이어졌다. 가난한 자는 화가 나서 말했다. '왜 제 절실한 기도를 들어주지 않으십니까!' 그러자 노한 신의 목소리가 들렸다. '제발 복권부터 사라!'

꿈을 이루고 싶다면 먼저 명확한 꿈이 있어야 한다. 그 꿈을 이루는 시작은 매일 아침의 시각화다. 시각화를 생활화하는 것은 당첨 번호가 정해진 복권을 손에 거머쥔 것과 다름없다. 매일 모닝 시크릿의 시각화 단계를 실행하며 잠재의식에 꿈을 새겨 넣어라. 그리고 행동하라. 지금부터 시각화로 명료해진 당신의 꿈을 현실로 만드는 다섯 가지 단계를 소개한다.

꿈을 현실화하는 습관 솔루션은 무슨 일이 있어도 100일을 해내고 1년을 해내고 3년을 해내게 하는, 그리고 다른 길로 새지 못하고 실천할 수밖에 없도록 설계된 강력한 솔루션이다. 이 강력한 5단계 솔루션을 무기 삼아 100일 아침 습관의 기적을 이루기 위해 함께 끝까지 가보자.

5단계 습관 솔루션

꿈을 현실로 만드는 데는 반드시 실천이 필요하고 습관은 실행력을 키운다. 결단·선언·협업·인증·보상은 실패 없이 습관을 형성하게 해주는 강력한 솔루션이다.

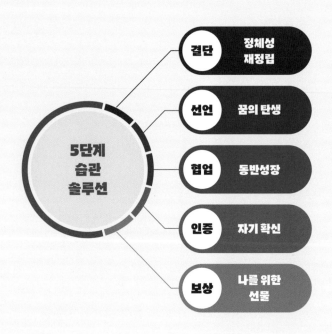

꿈을 현실로 만드는 5단계 습관 솔루션

습관 형성 1단계: 결단

- ✓ 성공적인 기상 습관을 위해 결단하라.
- ✓ 매일 아침 20분은 나를 위해 쓰겠다고 결단하라.
- ✓ 하루 20분 기적의 아침 루틴을 실행하겠다고 결단하라.
- ✓ 오늘부터 100일간 아침 습관의 기적을 이루어 내겠다고 결단하라.

오늘의 당신은 과거의 결단에 따라 만들어진 존재다. 당신이 이 사실을 인정하든 인정하지 않든, 이는 의심의 여지 없는 사실이다. 즉 결단은 당신의 정체성을 재정립하는 일이다. 결단은 단순한 다짐이 아니라 이전의 나와 결별하고 새로운 나와 만나는 시작점이다. 이전과 달라지겠다는 결연한 태도가 필요한 이유다. 결단은 예외를 인정하지 않는 과단성을 무기로 삼는다. 어떤 상황에서도 결단한 일은 해내고야 말겠다는 강력한 의지 없이 결단을 거론할 수 없다.

지금까지 당신은 아침잠이 많았을 수 있다. 침대에서 못 빠져나오고 뭉그적거리는 게 보통이었을 수 있다. 이제는 그런 망설임을 주저 없이 끊어라. 아침잠이 많은 사람이라는 자신에 대한 상을 바꿔라.

이 모습은 당신의 가짜 정체성이다. 진짜 정체성을 새롭게 다져라. 바라 마지않는 미래의 자화상을 당신의 정체성으로 만들겠다고 결단하라. '오늘 하루쯤은 어때' '어제는 야근했으니까' '불금에 회식은 못 참지' 등등 예외를 두지 마라. 결단은 단호하고 분명해야 한다. 새로운 나를 만들기 위한 규칙을 준엄하게 받아들여야 한다.

사업에 실패했을 때, 세상 사람들은 나를 10억의 빚을 진 실패자로 보았다. 나는 결단을 통해 정체성을 바꾸었다. 내 비전은 5년 내 300억을 거머쥐는 성공한 사업가가 되는 것이었다. 결단을 통해 얻은 새로운 정체성 덕분에 나는 놀랍게도 5년 만에 목표를 이룰 수 있었다. 만일 내가 '채무자'라는 정체성에 묶여 있었다면 하루하루 빚을 갚는 데만 골몰하다가 지쳐 나가떨어졌을 것이다. 하지만 스스로 실패자에 머물지 않기로 했기에 더 큰 목표를 향해 도전할 수 있었다. 사업을 다시 시작할 때도 스스로를 자산가라 생각하고, 내가 롤모델로 삼은 자산가처럼 행동했다. 내 모든 결정이 미래로 가는 길을 앞당겼음은 물론이다.

자기 분야에서 성공한 사람들은 미래를 위한 결단을 주저하지 않았다. 지긋지긋한 일상의 굴레에서 벗어나 삶을 바꾸고 싶은가? 바로 지금이 결단을 내릴 때다. 인생은 타이밍이 중요하다. 이때다 싶은 순간을 놓치면 영원히 돌아오지 않을 수도 있다.

결단하라고 하면 흔히들 '다이어트를 해야 해' '돈을 많이 벌어 부자가 될 거야' '사업하고 싶어' '수백만 명의 팔로워를 둔 인플루언서가 될 거야' 등등 달콤한 희망의 말들을 내뱉는다. 단순한 희망 사항은 결단이 될 수 없다. 그래서 대부분이 몇 달 후에도 여전히 똑같은 말을 되풀이하는 것이다. 자신이 하고 싶은 것을 행동으로 옮기지 않으면서 입으로만 무언가를 하겠다고 되새겨서는 안 된다. 결단에는 지대한 헌신이 필요하다. 삶을 바꾸고 싶다면 치열한 헌신을 감수하고 결단을 내려야 한다. 그리고 당장 행동으로 옮겨야 한다.

아무리 결단해도 삶이 더 우울해질 때가 있다. 결단이 주는 동력을 무시하기 때문이다. 당신이 동력을 얻고도 행동하지 않으면, 확언은 허언이 되고 상상은 망상이 된다. 머릿속에서 도미노를 떠올리자. 마지막의 큰 도미노 패를 쓰러뜨리는 원동력은 어디에 있을까? 그렇다. 아주 작은 도미노 패 하나에 있다. 결단이 주는 동력으로 큰일을 도모하지 마라. 우선 작은 일을 실천하는 게 중요하다. 당신의 확언과 상상이 허언과 망상이 되지 않도록 가장 작고 쉬운 일부터 찾아 움직여라.

나는 결단을 즐긴다. 더 정확히는 결단을 망설이지 않는다. 되든 안 되든 한번 결단한 것은 저돌적으로 밀고 나간다. 나약한 인간인지라 당연히 중간에 실패도 한다. 하지만 다시 결단하고 다시 시도한다. 한번 결단한 것이 최선의 결정이라는 사실을 의심하지 않고, 최대한의 결과가 나오도록 끝까지 노력한다.

인간이 본질적으로 불완전하므로 결단 역시 불완전할 수밖에 없다. 쉽게 말하면 당신의 결단이 작심삼일로 끝나더라도 너무 실망하거나 자괴감에 빠지지 말라는 말이다. 사흘마다 결단하면 설령 실패하더라도 습관의 뿌리가 자라난다. 당신의 결단이 빈번한 실패에 노출되어 무기력해지더라도, 습관의 실행력은 오히려 촉진된다. 심리학에서는 이를 습관 촉진habit boost이라고 부른다.

결단을 내린 다음에는 어떤 노력을 기울일지 구체적으로 설계한다. 노력은 체계적이어야 결실을 얻는다. 그리고 노력의 최종 지점, 즉 데드라인이 있어야 맹목적이지 않을 수 있다. 결승선 없는 경주에서는 기록을 달성할 수 없다. 당신이 무언가를 절실히 원하고, 그 꿈을 명확히 구체화했다면 꿈을 이룰 마감 기한을 정하라. 나 역시 한번 세운 결단을 잊지 않기 위해 눈과 발이 닿는 모든 곳에 결단의 흔적을 남겼다. 이메일 비밀번호를 이 꿈과 관련된 단어와 숫자로 만들었고, 휴대전화와 노트북 배경 화면에도 꿈을 새겼다.

결단은 좋은 습관의 뿌리가 된다. 우물쭈물하지 말고 더 많이 더 자주 결단하기를 권한다. 좋은 습관이 당신 안에 더 깊이 그리고 더 넓게 뿌리내리게 만들어야 한다. 물론 결단은 쉽지 않다. 실패가 두려워서 결단하지 못하고 고민하다 시간만 허비하기도 한다. 그러나 결단의 힘을 모르는 사람은 절대로 삶을 바꿀 수 없다. 그 힘을 아는 사람은 인생을 180도 바꿀 수 있다. 오늘의 결단이 내일의 당신을 만들어낸다. 결단의 거대한 힘을 믿어라. 결단을 내리는 순간은 짧지만, 인생을 송두리째 바꿀 수 있는 핵심 도구다.

그러니 당신도 지금 결단하라. 최소한 하루에 20분씩을 나에게 쓰겠다고 결단하라. 급하지는 않지만 중요한 나 자신의 성장을 위해 투자하겠다고 결단하라. 오늘부터 100일간 기적의 아침 루틴을 실행하겠다고 결단하라. 그래서 성공하는 사람들의 루틴을 완전히 내 것으로 습관화하겠다고 결단하라. 이런 결단을 하고 하루도 빠짐없이 100일을 같이 한번 실천해 보자.

습관 형성 2단계: 선언

✓ 성공적인 기상 습관을 위해 선언하라.

✓ 매일 아침 20분은 나를 위해 쓰겠다고 선언하라.

✓ 하루 20분 기적의 아침 루틴을 실행하겠다고 선언하라.

✓ 오늘부터 100일간 아침 습관의 기적을 이루어 내겠다고
  선언하라.

명확한 꿈을 결단한 후에는 그 꿈을 선언해야 한다. 선언은 꿈을 추상적인 이미지로 남기지 않고, 구체적으로 현실화하는 의식이다. 20세기의 위대한 철학자 루트비히 비트겐슈타인Ludwig Wittgenstein의 말대로, "언어의 한계는 곧 세계의 한계"를 의미한다. 약간의 비약을 보태 말하자면, 구체적으로 말할 수 있는 꿈은 이미 절반은 이루어진 것이라 생각한다.

사람들은 성공 예비자를 비웃는 경향이 있다. 이 세상의 위대한 발견을 시도한 천재들은 모두 비웃음의 대상이었다. 당신의 꿈이 세상 사람들에게 허황하다고 여겨진다고 해도 기죽지 마라. 그 꿈이 타인을 해하는 것이 아니라면

무엇이든 선언하라. 선언은 당신의 꿈을 현실화하는 큰 동력이 될 것이다.

선언의 제1 효과는 드러냄에 있다. 은폐한 꿈은 왜곡되고 구겨지기 쉽다. 당신의 꿈이 스스로의 발화로 인해 1차로 탄생한다고 할 때, 온전한 형태로 현실화하기 쉽다. 선언의 대상은 가족·친척·친구·지인 등 누구든 상관없다. 다만 일상을 함께하는 가까운 사람들이 더 효율적이다. 가족은 물론 나를 사랑하는 사람 또는 내가 사랑하는 사람, 나를 존경하는 사람 또는 내가 존경하는 사람, 또는 직장 동료에게 선언하라. 특히 인스타 등 SNS에 선언하기를 권한다. 아예 인스타를 접으려는 마음이 아니면 부끄러워서라도 실천하게 된다. 때로는 가족 중에 내 의지를 짓밟으며 못되게 구는 사람이 있는데 이런 사람들에게 선언하는 것도 좋다. 내가 더 이를 악물고 실천하게 하기 때문이다.

선언의 의미는 명확하다. 꿈을 이루어가는 과정은 타인의 도움 없이 이루기 어렵다는 것이다. '한 아이를 키우는 데 온 마을이 필요하다'라는 속담처럼 말이다. 우리에게는 당근과 채찍 모두가 필요하고, 도움을 받을 수 있으면 주저하지 않는 게 좋다.

선언의 묘미는 주변 환경을 적극적으로 활용하는 데 있다. 주변인들과 소통하고 도움을 주고받으며 결과치를 얻어내는 수단으로 쓴다는 의미에서 '선언'이라는 행위는 곧 환경설정과 같다고 볼 수 있다. 자신의 생활 동선과 습관을 파악하고, 최대한 많은 사람에게 당신의 목표를 알려라. 당신의 선언을 접한 사람들은 효과 빠른 자극제 역할을 한다. 그들의 존재가 일종의 신호가 되어 목표나 습관을 떠올리고 반복하게 해주기 때문이다. 습관을 몸에 새기는 과정에서 소홀하지 않았는지, 흔들리지는 않았는지를 점검할 수도 있다. 그러니 주변인들에게 쉽게 예외를 허용하거나 뜻을 굽히지 않겠다고 선언하라. 주변의 도움을 적극적으로 받고, 그 관심과 사랑에 감사를 표현하는 것도 잊지 않기 바란다.

나 역시 나를 아는 거의 모든 이에게 내가 아침 루틴을 시작했다는 것을 알렸다. 그들은 거의 매일 안부 인사처럼 물었다.

"아침에 진짜 일찍 일어났어요?"
"정말 10분 동안 책 읽고 출근한 거예요?"

나는 "물론이죠. 일찍 일어나면 더 피곤할 줄 알았는데, 오히려 가뿐한 걸요?" 하고 답하며 목표에 다가가고 있음을 몸소 느꼈다. 혹시 작심삼일이 되거나 실패했을 때는 거짓말하거나 타협하기보다는 솔직하게 내 상황을 고백하고, 다시 시작하는 용기를 냈다.

"3일 연속 성공했는데, 컨디션이 좋지 않아 오늘은 늦잠을 자고 말았네요. 괜찮아요. 다시 시작하면 되니까요!"

선언에는 다짐의 효과가 있다. 특히 스스로에게 다짐할 때는 마치 연기자가 된 것처럼 감정을 듬뿍 담아라. 왜 해야 하는지, 왜 열망하는지, 왜 안 하면 안 되는지를 답하며 감정을 분출해 보라. 진짜라고 느끼는 꿈만 현실로 다가온다. 필요하면 선언문을 만들어서 잘 보이는 곳에 액자를 걸어두어도 좋다.

남에게 다짐할 때는 진정성을 담아야 한다. 양치기 소년 같이 실없는 사람처럼 보이면 안 된다. 그리고 누가 내 편이고 나를 응원하는지를 살펴라. 나를 진심으로 지지하고 응원해 준다면, 함께 일을 도모해도 좋을 사람이다. 이들은 나와 협업할 동지가 될 확률이 크다. 특히 당신이 리더라면 실패에 대한 두려움 없이 팀원들에게 선언하라. 진솔한 소통을 통해 리더 개인은 더 성장하고, 팀원들은 리더를 더 신뢰하게 된다.

하지만 남을 너무 의식할 필요는 없다. 선언한 내용을 지키지 못할까 봐 너무 걱정하면 선언을 잘하지 못한다. 과감하게 선언하라. 사람들은 생각보다 당신에게 관심이 없다.

내성적인 사람들은 타인에게 자신의 꿈을 선언하는 것이 힘들 수 있다. 그러나 정말 이루고 싶은 꿈이라면 선언해야 한다. 오히려 내향인일수록 선언에 더 적극적이기를 권한다. 생활을 공유하는 직접적인 관계의 지인들이 부담스럽다면 SNS를 활용할 수도 있다. 느슨한 연결망으로 이어진 사람들에게 선언하는 것도 충분히 효과적이다.

내가 바디 프로필에 도전할 때, 불가능할 것 같던 목표를 이룬 건 선언 덕분이다. 50대가 되면서 체중이 70킬로그램까지 급격히 늘었다. 평소와 똑같이 생활해도 50대가 되면 기초대사량과 호르몬의 변화가 쉽게 비만을 초래한다. 이러면 큰일 나겠다 싶어 한창 유행하는 바디 프로필에 도전하기로 결단했다.

나는 이 결단을 일단 가족에게 선언했다. 격려보다는 우려의 반응이 더 컸다. 그 반응이 내 의지를 더 불태웠다. 결단과 선언을 통해 내 의지에는 가속이 붙었고, 100일 안에 15킬로그램을 빼고 멋지게 사진을 찍겠다고 더 구체적으로 선언했다. 그리고 가장 이상적으로 생각하는 체형을 가진 모델의 사진을 냉장고와 욕실, 침실을 비롯해 곳곳에 붙이고, 바디 프로필 전용 비전 보드를 만들었다. 나는 매일 비전보드에 붙인 그림을 보면서 스스로 다짐을 거듭했다. 그럴 때마다 그것을 이루었을 때의 짜릿한 기분을 오롯이 느끼며 잠재의식에 꿈을 새겨 넣었다. 정확히 100일 후, 여느 배우 못지않게 멋지게 몸을 만들어 사진을 찍었다.

당신도 이 순간 선언하라. 자신의 성장에 꼭 필요하다고 생각해 왔지만, 불가능하게만 보였던 목표에 도전하겠다고 선언하라. 이를 위해 지금 당장 할 수 있는 작은 루틴을 계획하고 100일간 실천하겠다고 선언하라. 선언은 100일 후의 기적을 부르는 명령이다.

습관 형성 3단계: 협업

✓ 성공적인 기상 습관을 위해 협업하라.

✓ 매일 아침 20분을 나에게 쓰기 위해 협업하라.

✓ 하루 20분 기적의 아침 루틴을 실행하는 데 협업하라.

✓ 오늘부터 100일간 아침 습관의 기적을 실현하기 위해
협업하라.

사업가는 협력의 가치를 안다. 함께 일하고 서로를 도우며 하나의 목표를 향해 달려갈 때 더 큰 성취를 얻는다. 따지고 보면 우리는 매순간 협력하며 살아가고 있고, 인류의 위대한 성취는 모두 협력을 통해 만들어졌다. 하나보다는 둘이 낫다. 함께 가는 길은 혼자 가는 길보다 덜 외롭고 더 풍요롭다.

특히 기한이 있는 목표를 추진할 때는 같은 목표를 가진 동료와 함께하기를 추천한다. 시험을 앞두고 혼자 공부하는 것보다 독서실에 가서 친구들과 같이 공부하는 것이 더 효과적이지 않은가. 혼자 하는 것보다 함께하는 것이 성공 확률을 높인다. 여럿이 함께하면 힘들 때 응원을 받을 수 있

고, 양질의 정보를 교환할 수 있으며, 조금 해이해졌을 때 상대방을 보며 자극받을 수도 있다. 같은 목표를 향해 달려가는 사람만이 경험할 수 있는 고충을 공유할 수도 있다.

이렇듯 협업이란 두말할 것 없이 선한 행위다. 서로의 성장을 돕는 행위이자 동반성장의 결과를 가져오기 때문이다. 자기 자신만 성장하는 게 전부가 아니다. 남의 성장까지 도와야 진정한 협업이다. 남을 가르치고 골인 지점까지 함께 가야 의미가 있다.

우리는 타인에게 도움을 주고, 가르침을 베풀 때 인간성을 회복한다. 자신의 강점을 살려 남에게 좋은 영향을 주고 선의를 베풀 때 한층 더 성장하고 성취감을 느끼며 더욱 만족스러운 삶을 산다.

개인주의 풍조가 만연할수록 혼자 가려는 사람이 늘어난다. 다른 사람에게(특히 경쟁자) 가르쳐주기를 아까워하거나 남의 말을 듣기를 싫어하거나 함께 일하면 효율성이 떨어진다고 믿는 사람들이 그런 부류다. 때론 해당 집단의 특성이나 분위기가 개인에게 악영향을 미치기도 하지만, 이를 일반화한다면 사회 속에서 성장하기 어렵다.

혼자가 아니라 여럿이 함께하면 상당한 장점이 있다. 일단 집단지성을 활용해 색다른 아이디어와 통찰력, 지식을 모아 목표 실행 중에 부딪힌 복잡한 문제를 해결하고 더 나은 방향을 모색할 수 있다. 그래서 여럿이 뜻을 모으면 혼자일 때는 불가능했던 지점까지 더 멀리 나아갈 수 있다. 멤버 중 경쟁자가 있다면 시너지를 내기 좋다. 라이벌은 가장 좋은 협력자가 될 때가 많다. 특히 라이벌을 가르치는 경지에 이르면 당신은 자기 자신이 목표했던 분야의 대가가 되어 있을 것이다.

당신이 성공적인 기상 루틴을 실천하기 위해 동지들을 모집한다고 가정해 보자. 멤버를 어떻게 구성할 것인가? 이미 해당 습관을 만드는 데 도전하고 있거나 그 습관을 가진 사람과 함께하면 가장 좋다. 끈기가 있다고 여겨지는 사람, 동기부여를 잘해줄 것 같은 사람이어도 물론 좋다. 관건은 당신이 감당할 수 있는 범위로 멤버를 한정하는 데 있다. 협업 경험이 전혀 없다면 4~5명으로 시작하는 것이 적당하다. 낯선 사람들과의 조합이든 알고 지내던 사이든 사람과 사람이 만나 일을 도모하다 보면 오해나 마찰이 생길 수 있다. 당신이 통제할 수 있는 능력치를 고려해 멤버를 구성하라.

멤버를 확정했다면, 신뢰와 안정감을 바탕으로 자유롭고 활발하게 서로 의견을 나눈다. 당신이 주축이 되었다고 해서, 당신의 의견을 강하게 피력하지 마라. 멤버 각자의 장단점을 파악하고, 개개인의 의견이 묵살되지 않게 살피면서 자원을 최대한 활용한다. 의견을 나누는 과정에서 서로 마음이 맞아 급속도로 친해지거나 상대방에게 호감이 갈 수도 있다. 하지만 정말 목표를 이루기 원한다면 과도한 친밀함은 경계하는 것이 낫다. 처음의 목표를 흐리고 단순한 친목 모임으로 주객이 전도되지 않도록 주의해야 한다.

본격적으로 각자가 자신의 루틴을 실행할 때는 서로의 감시자이자 응원군이 되어준다. 특히 어느 한 명이 뒤처졌을 때 자신의 성공 노하우를 아낌없이 공유하는 것을 원칙으로 한다. 뒤처진 멤버를 배척하지 않고 독려하며 상대방을 기꺼이 책임지려는 너른 마음을 당신부터 갖기 바란다. 서로가 서로에 대한 책임을 기꺼이 나눠질 때 성공의 확률은 높아진다.

사실 협업의 가치는 쓸모의 차원 그 이상이다. 사람과 사람과의 만남에는 특별한 힘이 있다. 그 사람이 꿈의 동반자라면 그 힘의 파급력은 특정할 수 없을 정도로 막강할 것이다. 외국에서 오래 살다 보면, 체류 중인 한인들과 자주 만남을 갖게 된다. 딱히 노력하지 않아도 이민자들끼리는 끈끈한 유대가 맺어진다. 특별한 대화를 나누지 않았는데도, 서로 눈만 마주치면 눈시울이 뜨거워지는 식이다. 험난하고도 고생스러운 타지살이의 기쁨과 슬픔을 나누다 보면 가슴으로 서로를 이해하게 된다. 타지에서도 든든한 꿈의 동반자들이 곁에 있다는 생각에 외로움이 사그라들기도 한다.

전 세계에서 온오프라인으로 이뤄지는 켈리스 활동도 마찬가지다. 뜻이 같은 사람이 모여 함께하면 새로운 에너지가 생긴다. 불가능이 가능으로 변하고 무가 유로 바뀌며, 결핍의 생각이 풍요의 생각으로 뒤바뀐다.

무턱대고 사람을 만나라는 것이 아니다. 무너진 사업을 다시 일으켜 세울 때 나는 명품 쇼핑이나 유명한 사람과의 만남, 비싸고 맛있는 음식 사진으로 SNS를 도배하는 사람들을 피했다. 이런 부류들을 만나면 괜한 자격지심에 비교하는 마음이 앞섰다. 그리고 자기의 성공은 자화자찬하면서 상대방에게 '넌 못 할 거야' '넌 그것도 못 하니'라는 말을 입에 달고 사는 사람들도 피했다. 그들은 나의 성장을 방해했다.

그 대신 내 의지를 북돋고 용기를 주는 사람들과 함께했다. 그들은 시작이 반이라며 재기의 꿈을 꾸는 나를 응원했고, 곁에서 손을 잡아주었다. 특히 성공한 사람들은 안 되는 이유를 늘어놓는 사람들과는 달랐다. 그들은 되는 이유를 계속 알려주고, 어떻게 해야 하는지도 자세히 알려주었다. 성장 과정에서 무기력감을 느낄 때면 가만히 나를 다독이며 "켈리, 너라면 충분히 할 수 있어."라고 말해주었다. 사람을 살리는 힘은 같은 사람에게만 있다. 당신의 성장에 힘이 되는 사람들과 동행하라. 서로 힘이 되는 선한 영향력은 성장의 거름이 된다.

바디 프로필에 도전할 때, SNS를 통해 100일간 함께 운동할 동지들을 모았다. 나와 비슷한 상황에 있는 또래의 몇몇 여성이 반색하며 도전 의사를 밝혔다. 그중에는 한국에서 동안으로 유명한 내 동갑내기이면서 바디 프로필을 이미 여러 번 찍었던 친구도 있었다. 우리는 이 친구를 통해 100일이 끝나는 날짜에 맞춰 스튜디오 촬영 일자를 먼저 예약하고 비용 지불까지 마쳤다.

바디 프로필에 도전한 동지들은 각자 전문적인 커리어

와 돌봐야 할 가정이 있었다. 일인 다역을 해야 하는 처지들이라 몸 만들기에 집중하기 어려웠다는 말이다. 그래서 더 동료가 필요했다. 우리는 이번만큼은 나 자신에게 오롯이 집중하기로 했다. 동지들 모두 과로하며 살아온 터라 자신의 변화를 위해 시간과 자원을 투여한 적이 없었다. 우리는 100일간 하루 최소 3시간에서 최대 5시간 운동했다. 운동선수도 아닌데 이렇게까지 운동에 시간을 쏟으니 가족들의 협조도 중요했다.

각고의 노력으로 몸이 서서히 변해가는 모습을 체감하자 조금은 자신감이 생겼다. 그러나 40일이라는 시간이 지나도 소위 식스 팩이라고 부르는 복근이 잡힐 기미가 보이지 않았다. 이번 기회가 아니면 살아 있는 동안 단 한 번도 복근을 만들지 못할 것 같아 꼭 해내고 싶었다. 동료들과 현실적인 고민을 주고받으며 마음을 다잡았다.

100일 후, 마침내 초콜릿 같은 복근을 내 몸에 새길 수 있었다. 혼자 도전했다면 이런저런 핑계를 대며 포기했을지도 모른다. 함께였기에 꿋꿋하게 그 시간을 버텨낼 수 있었다. 함께여서 우리는 더 단단해졌다.

습관 형성 4단계: 인증

✓ 성공적인 기상 습관을 위해 인증하라.

✓ 매일 아침 20분을 나에게 쓰는 것을 인증하라.

✓ 하루 20분 기적의 아침 루틴을 실행한 것을 인증하라.

✓ 오늘부터 100일간 아침 습관의 기적을 실현하기 위해
  인증하라.

인증은 '참'의 근거가 있는 무언가를 확인하거나 확증하는 행위다. 인증은 두 가지 차원에서 이해할 수 있다. 하나는 뛰어난 리더처럼 타인에게 자신의 성취를 인증하는 것이고, 다른 하나는 자기 자신에게 부끄러움 없이 성과를 인증하는 것이다.

리더는 앞서 이끄는 사람이다. 리더는 남보다 앞에 서서 길을 보여준다. 리더의 인증은 그 자체로 비전이 된다. 리더는 조직의 나아갈 길을 개척하고, 이를 성과로 인증하며 추종자들의 신뢰를 얻는다.

나는 남에게 인증하는 것보다 스스로에게 인증하는 것이 더 중요하다고 본다. '결단'을 통해 새로운 정체성을 정

립하기로 결심했다면, '인증'을 통해 그것이 실현된 실체를 (부분 또는 과정이라도) 보여줌으로써 자기 확신을 가질 수 있다. 나는 이런 사람이라고, 이런 정체성을 가졌다고 자기 자신을 설득하게 되는 것이다.

인증의 목적이 이럴진대, 인증하며 우쭐하거나 자만해서는 안 된다. 마찬가지로 남의 인증을 보면서 기죽을 필요도 없다. 우리 모두는 각자 자기만의 속도로 자기만의 싸움을 하며 자기 자리에서 살아가는 인간이라는 동반자들일 뿐이다. 인증이라는 행위가 잘난 척하거나 나대는 것 같다고 꺼리는 이들이 있다. 당신도 그런 생각을 하고 있다면, 인증을 바라보는 관점을 바꾸기를 권한다.

이렇듯 인증의 핵심은 자기 자신에게로 향하는 데 있다. 정직하게 자기 자신과 조우하는 사람만이 인증을 통해 잠재의식에 성공한 자신을 새겨 넣을 수 있다. 그런 의미에서 인증은 단지 성과를 입증하는 기록물에 그쳐서는 안 된다. 나를 객관적으로 분석하고 파악하는 자료로 써야 한다. 인증을 반복하다 보면 나를 더 잘 알게 된다. 내가 반복의 지루함을 얼마나 잘 견디는지, 어떤 마찰에 쉽게 무너지는지, 어떤 변수에 가장 흔들리는지 등을 사전에 파악할 수 있다. 이는 다른 습관을 형성할 때나 새로운 도전에 임할 때도 좋은 정보가 된다.

요즘 루틴 실천이나 습관 형성을 돕는 앱들이 다양하게 잘 나와 있다. 해외에서 주목받은 국내 개발 앱도 있다. 자신에게 맞는 앱을 찾아 인증하는 습관을 확실히 익히기를 바란다. 매일매일 인증하는 습관을 들이면, 매일매일 자신의 성과를 체감하게 되어 자기 이해와 긍정을 강화하는 선순환을 경험할 수 있다.

경제학의 아버지라 불리는 피터 드러커Peter Drucker는 "사람들에게 신뢰받고 협력을 얻으려면 스스로 최고의 성과를 거둘 수밖에 없다"라고 말했다. 성공의 본보기를 보여주지 않으면 사람들은 마음을 열지 않는다. 영향력이 있는 사람은 사람들과 끊임없이 소통하며 자기 영향력을 스스로 입증한다.

성공한 사람과 성공하지 않은 사람은 백지 한 장 차이다. 선언만 하고 인증하지 않으면 성공자가 아닌 거짓말쟁이가 된다. 바디 프로필에 도전한 100일간 매일 동지들과의 단톡방에 오늘의 성과를 인증했다. 기상 시간, 운동한 시간, 섭취한 음식 모두를 사진으로 찍어 공유했다. 덕분에 건강하고 균형 잡힌 식단 정보를 얻을 수 있었고, 변해가는 동지의 모습에 생산적인 자극을 받으며 스멀스멀 올라오는 나태함에서 벗어날 수 있었다. 매일 인증하는 과정은 새로운 습관을 100일 동안 유지할 수 있는 큰 원동력이 된다.

바디 프로필의 여정을 하루도 빠짐없이 인스타그램에도 인증했다. 내 선언을 귀담아들어 준 켈리스들에게 매일의 도전과 실천 과정을 낱낱이 공유한 것이다. 조금씩 변화하는 모습에 팔로어들의 응원이 이어졌고, 자신도 바디 프로필에 도전하고 싶다는 목소리가 이어졌다. 이를 계기로 켈리스들과 함께 끈기 프로젝트 '100일의 기적 운동 편'을 진행했다. 매일 운동하고, 식단을 지키는 것을 인증하는 페이지도 만들었다. 수백 명의 도전자가 모였다. 이들은 서로가 서로에게 지난한 과정을 응원하는 협력자이자 나태함을 꾸짖는 감시자가 되어주었다.

도전자 모두가 100일의 여정에 성공한 것은 아니다. 중간에 탈락한 사람들이 더 많았다. 그렇지만 약 100명의 켈리스가 성공적으로 바디 프로필 촬영을 끝마쳤다. 다만 끝까지 목표를 향해 달려 나가는 사람들을 위한 응원만은 100일간 계속 이어졌다. 참가자 대부분이 시간이 지날수록 인증을 기다리는 동료들의 응원과 칭찬이 기대되어 도전을 멈출 수 없었다고 입을 모았다.

　나는 당신이 100일 동안 기적의 아침 습관을 실천하겠다고 결단하고 매일 우리와 함께 인증에 동참하길 바란다. SNS에서 해시태그(#끈기프로젝트)를 달고, 그날의 기상 시간이든, 읽은 책이든 한 장의 사진만 찍어서 올리면 된다. 이 책의 표지로 인증을 시작해 보면 어떤가. 어떤 것이든 좋다. 인증하면 사람이 모인다. 그들은 당신에게 축하도 해주고 응원도 해주고 정보도 준다. 실천을 이어갈 힘이 생긴다. 100일의 실천이 쉬운 일은 아니다. 나도 새로운 목표를 세우고 도전할 때마다 늘 어려운 상황을 마주한다. 하지만 지금 더 많은 우리가 함께할수록 반드시 할 수 있다고 생각한다. 지금 바로 아래의 해시태그로 들어와 서로의 동지가 되어주겠다고 선언하고 인증하라.

#끈기프로젝트_100일아침습관의기적
#골든모닝 #켈리최끈기프로젝트
#20분아침습관 #100일아침습관의기적
#켈리최생각파워 #Day000

습관 형성 5단계: 보상

✓ 성공적인 기상 습관을 위해 보상하라.

✓ 매일 아침 20분을 나에게 쓴 것에 보상하라.

✓ 하루 20분 기적의 아침 루틴을 실행한 것을 보상하라.

✓ 오늘부터 100일간 아침 습관의 기적을 실현하기 위해
   보상하라.

동양 문화는 겸양을 미덕으로 간주해 온 탓인지 칭찬과 보상에 인색하다. 더욱이 나 자신을 스스로 칭찬하는 일은 극히 드문 것 같다.

우리는 성취를 당연하게 생각하고 실패를 용납하지 않는다. 마치 실패하는 인간은 이 세상에 존재하지 않는 것처럼 성과를 내기 위해 스스로를 몰아붙인다. 가까스로 성과를 내도 노력에 대한 보상에 인색하다. 성장은 단계별로 이루어진다. 이런 인색한 태도는 다음 단계로 성장하는 데 도움이 되지 않는다. 조금이라도 성장한 나를 칭찬하고, 응당한 보상을 하는 습관이 성장의 필수 요소다.

인간은 환경의 지배를 받는 동물이다. 좋은 습관을 만들

려면 좋은 환경이 뒷받침되어야 한다. 보상은 좋은 습관을 만드는 환경설정의 끝판왕이다. 적절한 보상만큼 개인의 추동력을 촉발시키는 자원도 없다. 특히 보상을 통해 뇌의 보상 중추reward system가 활성화되면 기쁨과 즐거움을 담당하는 도파민을 활발히 분비하고, 부정적 판단을 하는 뇌의 기능이 저하한다.

기상 직후 하나의 아침 루틴을 실천하면 그 즉시 보상하는 것도 아침 루틴을 지속하는 현명한 방법이다. 작은 보상이라도 충분하다. 오히려 매일 보상이 일어나야 하는데 크고 화려한 보상을 기대해서는 곤란하다. 소소하지만 명확하고 당신을 기쁘게 하는 보상이 필요하다. 예컨대 목표 기상 시간에 일어났다고 수백 시간짜리 미드 전편을 정주행해서는 안 된다. 루틴 실행이 지속되고 습관의 뿌리가 튼튼해질수록 보상의 크기도 그것에 맞게 커지는 게 적절하다.

금전적 보상은 언제나 주의하라. 습관을 장기적으로 가져가는 동력이 떨어질 수 있다. 다만 정말로 이루기 어려운 목표를 달성했을 때 스스로에게도 놀라움을 선사할 만큼 크게 보상하는 건 의미가 있다.

보상과 마찬가지로 벌칙도 동기부여에 좋은 전략이라고 생각할 수 있다. 하지만 벌칙으로 금전적 배상을 수행할 때는 주의해야 한다. 어떤 행동을 실천하지 않았을 때 이를 돈으로 내면 된다고 생각해 습관 형성이 지연될 수 있다. 잊지 마라. 습관 실천으로 얻어지는 가장 큰 보상은 습관의 완성, 즉 당신이 지금까지 이렇게나 애타게 원하고 원하는 목표의 달성 그 자체다.

나는 아침 루틴을 실행할 때마다 바로 칭찬의 말과 제스처를 취한다. 만능 포즈와 미소로 긍정적 힘을 강화한다. "켈리야, 넌 정말 아름답고 멋있어! 그 어느 때보다 지금 기분 최고야!"라고 반드시 큰 소리로 말하며, 양 주먹을 꽉 쥐는 동작까지 해야 보상이 완성된다. 이런 자기 칭찬이 하찮게 여겨질지도 모른다. 하지만 해보라. 지금 당장. 자기 이름을 부르면서 이토록 열렬한 자기애를 표현하는 강한 자신감은 쉽게 길러지지 않는다. 나는 아직도 이 말을 할 때마다 가슴이 떨린다.

이런 습관 덕분인지 나는 다른 사람들에게 늘 긍정의 말을 전하는 스피커다. 내가 켈리스를 만나면 자주 하는 말도 거기서 나왔다. 진심으로 서로를 믿고 따르는 사람들끼리 보내는 응원과 칭찬, 기대의 말은 달콤한 보상이다.

He can do, She can do, Why not me?
그도 하고 그녀도 하는데 왜 나는 안 되겠는가?

켈리도 했다. 당신도 할 수 있다.

적절한 보상을 위한 나만의 특별한 팁을 한 가지 더 전달한다. 언젠가 당신이 꼭 해보고 싶은 행동을 구체적으로 적어라. 일종의 버킷리스트처럼 반드시 기록물로 만들어라. 행동 리스트가 100가지 이상이면 좋다. 매일 기상 루틴을 완수할 때마다 그 리스트에서 보상 거리를 골라라! 매일매일 색다른 활동이 영감을 주며 삶의 활기와 습관을 실천할 힘을 줄 것이다.

예를 들어 나는 꼭 보고 싶었던 영화를 감상하거나 그림 그리기 등 창의적 활동을 하거나, 좋아하는 친구들을 초대해 직접 만든 요리를 대접하거나, 새로운 헤어스타일을 시도해 보거나, 존경하는 롤모델의 자기계발 강연을 듣기 위해 기꺼이 비행기를 타고 여행하는 식이다. 이는 내 컨디션을 끌어올릴 때 쓸 수 있는 보물창고기도 하다.

사실 내가 진짜 나에게 주고 싶은 보상의 최상위 리스트에는 '공헌'이 있었다. 이는 베스트셀러 작가가 되겠다는 목표를 달성했을 때 현실이 되었다. 책을 통해 피와 눈물로 쓴 내 이야기가 세상에 널리 알려지고 특히 두 권 모두 베스트셀러가 되어 더 많은 인세를 기부할 수 있었던 것은 내게 큰 보상이었다. 하지만 역시 진정한 보상은 더 많은 이에게 진정한 부와 성공에 대한 깨달음을 전하는 일 그 자체였다. 공헌이 내 삶의 큰 목표이기에 이보다 더 큰 보상은 없었다. 물론 나는 앞으로도 인세를 기부할 것이다.

리스트에 근거한 보상 행위는 내가 평소에 정말 좋아하는 것들로 이루어지기에 실패할 확률이 없다. 우발적인 보상이 아니므로 후회가 남지도 않는다. 체계적인 보상 행위는 일시적 쾌락이 아니라 지속적 만족감을 주는 행복에 가깝다. 이점이 많은 리스트다. 매일 보상으로 이만한 게 없다. 보상에 더 큰 의미와 가치를 부여하면 할수록 습관 달성을 위한 당신의 노력은 지치거나 배신하지 않을 것이다.

보상을 통해 평소에 내가 정말 갖고 싶었던 것이나 하고 싶었던 것을 사거나 경험해 보는 것이 좋다. 그런데 아무리 평소에 내가 정말 갖고 싶었던 것이나 하고 싶었던 것이라고 해도 간과해서는 안 되는 점이 있다. 바로 내가 나 자신에게 해줄 여유가 있는 정도의 선물을 하는 것이다.

바디 프로필에 도전하기로 결단했을 때도 100일간의 여정을 성공적으로 마치면 나 자신에게 선물을 주기로 했다. 그때 나는 스스로에게 페라리를 선물을 해주겠다고 미리 정했다. 명품 차가 탐나서가 아니었다. 나는 이미 언제든 마음만 먹으면 그 차를 살 여유가 있었지만, 굳이 필요를 느끼지 못해서 사지 않았을 뿐이었다.

십여 년 전 내가 파리에서 제일 힘든 시기를 보내고 있을 때, 내게 등 돌리지 않고 계속 응원해 주던 언니가 있었다. 그 언니는 누가 봐도 실패자인 내게 언제나 용기의 말을 해주었다. 그중 하나가 "켈리야, 너는 나중에 돈을 많이 벌면 이왕이면 페라리를 타고 다니렴. 네가 페라리를 몬다면 참 멋질 거야"라는 말이었다. 페라리를 살 돈은커녕 빚까지 지고 있는 내게 가당치 않은 말이었지만 왠지 그 말에는 용기가 샘솟았다. 나도 언젠가 꼭 성공해서 페라리를 타겠다고 다짐했다. 그때 기억이 떠오르자 머릿속을 떠나지 않았다. 내가 바디 프로필을 찍겠다는 도전의 보상으로 페라리를 정한 이유였다.

마침 옆에 있던 남편에게 운동 계획을 이야기한 뒤 제안했다. 남편의 응원을 받고 싶어서였다.

"15킬로그램을 감량하고 바디 프로필용 사진 촬영에 성공하면, 그 보상으로 페라리를 선물해 주지 않을래요?"

그런데 남편이 흔쾌히 사주겠다고 하는 것이 아닌가. 남편은 내게 첫눈에 반했던 예전 모습을 다시 보고 싶다며 좋아했다. 남편의 말 덕분에 더 큰 동기부여를 갖게 되었고, 100일 후에는 꿈에 그리던 최신 페라리를 몰고 바닷가를 드라이브했다.

운동이든, 독서든, 밀가루 끊기든 100일간 당신이 목표한 것을 각고의 노력 끝에 성취했다면 스스로에게 보상하는 과정을 잊지 말아야 한다. 보상의 단계까지가 습관을 완성하는 최종 지점이다. 보상 중추를 충분히 활성화하면 잠재의식이 당신이 결단한 모든 도전을 기꺼이 받아들이고 회피하지 않을 것이다.

반드시 물질적인 선물이어야 할 필요는 없지만, 가능하면 평소 꿈꾸던 것을 소유할 수 있는 계기로 삼기 바란다.

좋은 물건을 보면 누구나 그것을 가지고 싶은 마음이 생긴다. 지극히 자연스러운 인간의 욕망을 부정하거나 거스를 필요는 없다. 욕망을 목표 실현의 동력으로 삼기 바란다.

지금 당신이 보상으로 가장 받고 싶은 선물은 무엇인가? 구체적이고 현실적인 선택지를 떠올려 보라. 보상은 당신이 100일간 실패 없이 실행을 완수하여 습관을 형성하는 마지막 날까지 강력한 힘을 발휘할 것이다. 처음에는 보상을 위해 도전하는 것도 좋다. 당신이 보상으로 삼고 싶은 것을 먼저 선언하라. 그리고 오늘부터 100일간 아침 습관의 실천으로 우리가 함께 이루어 낼 기적에 동참하라.

지금까지 다섯 가지 모닝 시크릿 루틴과 5단계 습관 솔루션을 익힌 것만으로도 당신은 습관의 성공 분기점에 도달했다. 이제 당신 앞에는 골든 모닝을 맞이하기 위한 오늘의 실천만이 남았다.

제2의 본성,
아비투스를 만들어라

습관이 변해야 비로소 사람이 변한다

친구를 만들고 싶다면, 먼저 상대방에게 관심을 가져야 한다. 방점은 내가 아니다. 타인이다. 관심만 두는 게 아니라, 상대방의 마음을 얻을 수 있도록 행동해야 타인을 지인으로 만들 수 있다. 먼저 인사하고, 관심을 표현하며, 사랑 표현을 아끼지 않아야 한다. 친구는 그냥 얻어지는 게 아니다. 운명적인 만남이란, 사실 대단한 노력을 통해 만들어진다.

습관도 마찬가지다. 좋은 습관을 만들고 싶다면 목표에 관심을 기울이고 그에 적합한 실행력을 갖춰야 한다. 앞서 잠재의식에 꿈을 새기는 다섯 가지 모닝 시크릿 루틴과 꿈을 실현하는 5단계의 습관 솔루션을 처방했다. 원하는 습관을 만들려면 이 솔루션을 그대로 적용하면 된다.

초심자라면 솔루션을 있는 그대로 실천하기 쉽지 않을 것이다. 어떤 이유로든 솔루션 이행에 실패하는 사람이 많을 거라고 생각한다. 괜찮다. 나도 실패로 만들어진 사람이다.

당신이 지금 간절하게 변화를 갈망하는 데도 바뀌기가 쉽지 않다고 느낀다면 습관에 주목해 보라. 물론 습관 역시 갑자기 바뀌지 않는다. 습관의 변화는 오직 축적을 통해 완성된다. 특정 행동의 반복이 시간의 흐름 속에 차곡차곡 쌓이다 보면 그 행동이 습관이 되고 낡은 습관이 새로운 습관으로 교체되는 식이다. 실행을 반복하면서 누적하고, 누적치가 적정한 순간이 오면 그 효과가 나타난다.

어느 정도 노력하면 변하는 게 아니라, 변할 때까지 노력해야 한다고 생각하라. 변화의 순간만 보고 지난한 과정을 보지 못하거나, 특정한 사람이나 상황이 대단히 특별하기 때문에 습관의 변화가 생긴 거라 과하게 의미를 부여해서도 안 된다.

다만 이렇게 새로운 습관을 쌓아가는 과정에서 반드시 해야 할 일이 있다. 바로 원하는 습관을 추가한 만큼, 나쁜 습관을 빼내는 것이다. 일단 뭔가를 빼지 않으면 절대 무엇도 추가할 수 없다. 새로 들어설 자리가 없으면 우선순위에서 밀리고 흐지부지되기 마련이다. 나는 주기적으로 나를 돌아보고 어떤 습관을 뺄 것인지 한 가지 정도를 결정한다. 예를 들어 시간을 좀 먹는 습관, 건강을 해치는 습관 같은 것들이다. 6시에 기상하기로 결단했으면 쓸데없는 회식이나 모임에 가거나, 늦게까지 드라마를 보거나, 게임을 하는 등의 습관을 빼겠다고 결심한다. 즉 습관을 만들려면 무엇을 버리고 싶은지를 먼저 결단해야 한다. 그런 뒤 새로운 습관이 자리를 잡을 때까지 나쁜 습관을 반드시 빼내야 한다.

요컨대 내 안의 게으름, 조급함 또는 변화에 대한 부정적 의심을 낳는 나쁜 습관을 이겨내야 좋은 습관이 생긴다. 버리고 싶은 과거의 나를 이겨야 좋은 습관을 기를 수 있다는 말이다. 당신이 원하는 습관을 제2의 본성으로 만들어야 한다. 아리스토텔레스가 말했듯, 행동이 아니라 습관, 즉 반복하는 것이 곧 우리 자신이다.

결국 습관이 바뀌어야 사람이 바뀐다. 사람은 쉽게 변하지 않는다고들 한다. 맞는 말이다. 강조한 대로 사람은 영혼·육체·정신으로 이루어져 있다. 그 영혼·육체·정신이 드러나는 행동·말·생각·감정이 고르게 변해야 새사람이 된다. 이는 대부분 우리의 습관으로 이루어짐은 물론이다.

당신은 앞서 소개한 '시각화·확언·명언 필사·독서·운동'이라는 다섯 가지 모닝 시크릿 루틴에 당신만의 콘텐츠를 대입했을 것이다. 당신의 최종 목표가 취업이라면 원하는 회사에 당당히 합격하는 모습을, 경제적 자유가 목표라면 3년 내 10억을 모으는 것을 꿈꾸며 구체적인 계획을 세우고 이를 실행하기 위한 더 세부적인 루틴을 설계했을 것이다. 거기에 더해 역시 앞서 소개한 '결단·선언·협업·인증·보상'의 5단계 솔루션을 따라 습관을 설계하고 유지하려 노력했을 것이다.

그런데도 당신은 습관을 형성하지 못했거나, 그 습관을 고작 사나흘 유지했을 수 있다. 그 이유가 무엇일까?

실패의 이유만 알아도
성공 가능성은 높아진다

정답은 당신만이 알겠지만, 실패 원인은 그렇게 다양하지 않을 수 있다. 너무 바쁘거나, 더 중요한 일이 있거나, 예상치 못한 일이 끼어들거나, 의지가 부족하거나, 모닝 시크릿 루틴을 신뢰하지 않은 것이다.

만일 당신이 정말 시간이 빠듯해 습관을 만들지 못했다면, 실행 시간을 줄이기를 권한다. 3분 습관은 1분으로, 1분 습관은 10초로 끝내는 등 시간을 줄이거나 혹은 횟수를 줄이는 방향으로 쪼개어보는 것이다. 일단 다섯 가지의 모닝 시크릿 루틴을 마친 뒤에 여력이 된다면 시간을 추가하는 방향으로 작전을 변경하라. 같은 행위를 반복해서 아침에 새겨넣는 것이 가장 중요하다.

사실 하루 20분조차 내기 어려운 상황은 당신의 시간 활용에 적신호가 켜져 있다는 말이다. 자신의 하루를 돌아보라. 중요하지도 급하지도 않은 일에 얼마나 많은 시간을 쓰고 있는지 솔직히 헤아려보라. 분명히 없앨 수 있는 일정이나 낭비하는 시간을 찾을 수 있을 것이다. 습관과 마찬가지로 새로운 활동을 위한 시간을 추가하고 싶다면 기존의 방식대로 사용하던 시간을 줄이거나 일부 제거해야 한다. 수면 활동을 최적화해 기상 시간을 20~30분 당기는 것도 시간을 확보하는 방법의 하나가 될 수 있다.

혹은 더 중요하거나 긴급한 일이 있어서 습관 형성에 실패했을 수도 있다. 이런 생각이 들 때도 역시 버리기와 놓아주기를 연습해야 한다. 우선순위로 선정한 습관을 성공적으로 익힐 때까지 나머지는 미뤄두어야 삶이 변화할 수 있다.

한편 살다 보면 예상치 못한 일이 생길 수도 있다. 예를 들어, 10킬로그램 감량을 목표로 헬스장에 석 달 등록했는데 갑자기 터진 팬데믹의 여파로 헬스장에 가지 못하는 식이다. 그럴 땐 상황에 맞춰 유연하게 대처하는 처세가 중요하다. 헬스장에서 운동하는 일을 포기하는 대신, 다른 장소에서 운동하는 습관을 찾을 수도 있고, 운동보다는 식이조절에 더 집중하는 우회로도 찾을 수 있다.

만일 의지가 부족하거나 루틴의 힘을 신뢰하지 못해 습관을 형성하지 못했다면, 근본적으로 자신에게 물어보라. 이 목표가 내가 진짜 이루고자 하는 것인지, 내 안의 깊은 곳에서 열망하는 변화인지를 말이다. 진정 변화를 일구고 싶다면, 켈리 최라는 사람의 말을 무조건 믿고 한번 실행해 보기 바란다. 절대로 손해 보지 않을 것이다.

무엇보다 당부하고 싶은 말이 있다. 아무리 굳세게 결단해도 중간에 삼천포로 빠지는 기간이 반드시 온다. 42.195 킬로미터의 마라톤을 뛸 때도 35킬로미터 지점이 되면 '내가 왜 이런 미친 짓을 하고 있지?'라는 생각과 함께 당장 포기하고 싶을 정도로 극심한 고통이 몰려온다. 흔히 이를 '죽음의 구간'이라고도 부른다. 매일 꾸준히 루틴을 실천해 나가는 과정에서도 그런 구간이 꼭 온다. 이때는 '내가 이걸 한다고 뭐 인생이 달라지겠어?' '여기서 더 시도한다고 해서 내 인생이 얼마나 변하겠어?' 하는 의구심과 회의가 고개를 쳐든다. 그만두고 싶게 하는 갖은 이유가 다 튀어나온다.

바로 이때 끝까지 해내는 것이 중요하다. 당신은 언젠가 반드시 죽음의 구간이 온다는 점을 알기만 했는데도 벌써 마음가짐이 달라지지 않았는가. 중간에 삼천포에 빠지는 구간이 온다고 해도 인스타 친구들, 동료들과 함께하면서 끝까지 포기하지 말고 와보기를 바란다. 좋은 습관을 지니면 복리 성장을 통해 자신이 생각지도 못했던 엄청난 곳에 도달할 수 있다. 그렇게 100일이 지나고 2년이 되고 10년이 될 때까지 해보라. 지금보다 엄청나게 먼 곳까지 전진한 자신에게 매우 놀랄 거라고 확신한다.

이 모든 과정에서 자신을 들여다보는 일이 기본이 되어야 한다. 왜 하기 싫은지, 왜 바쁜지, 왜 다른 것에 눈이 가는지를 매일 자신과 솔직하게 대화하면서 자신의 기분과 건강과 마인드를 살피고 점검하고 알아야 한다. 자신을 돌볼 줄 아는 사람만이 중도 포기 없이 끝까지 간다. 무슨 일이든 마찬가지다. 자신을 귀하게 여겨야 원하는 삶을 살 수 있다.

나아가 자신이 직접 만든 습관 목록이 왜 중요하며, 왜 이를 지키기로 결단했는지 스스로를 설득하는 과정을 거쳐야 한다. 정말 필요하다고 판단한 습관이라면, 변화를 밀고 나갈 강력한 투지로 불타오를 것이다. 이렇게 체화된 습관은 그보다 강력한 제2의 본성, 즉 아비투스habitus가 되어 당신의 운명이 될 것이다.

계획대로 되지 않으면 우리는 스스로를 책망한다. 백이면 백 무익한 행동이 자기 비난이다. 물론 건전한 자기반성은 변화의 추동력이 된다. 변화를 이루어야 할 나를 위축시킨다면 그것은 자기 비난이다. 스스로에게 실망하지 말자. 좌절하지도 말자. 자신을 용서하자. 완벽한 사람은 없다. 자책은 생산적인 힘이 없고 파괴하는 힘만 있다.

천천히 가고 싶다면 하루도 거르지 말고 매일 하나의 루틴이라도 지키기를 권한다. 다른 건 몰라도 시각화만큼은 매일 아침에 해보라. 혹여 일주일 동안 시각화를 실행했다가 하루 빼먹었다고 실망하지 마라. 괜찮다. 자포자기하는 심정으로 이틀 연속으로 빼먹지 않는 게 더 중요하다.

나약한 자신에게 지지 않고 이기는 습관을 만드는 데는 환경도 중요하다. 물 흐르듯 아침 루틴을 실행할 수 있는 환경이 중요하다는 말이다. 외부에 방해받지 않고, 긴장감을 풀어놓을 수 있는 환경이 중요하다. '시각화·확언·명언 필사·독서·운동'은 모두 기상 직후에 침실에서 실행할 수 있다. 이것만으로도 쓸데없이 소모되는 에너지를 아낄 수 있다. 그리고 매일의 실천 과정을 '모닝 저널'에 기록하고 실행 빈도를 눈으로 체크하는 일만으로도 실행의 지속력이 커진다. 모닝 저널 샘플이 궁금하다면 이 책의 부록을 참고하기 바란다.

4부

100일, 완벽히
새롭게 태어나는 시간

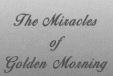

The Miracles
of
Golden Morning

꿈꾸는 자에게는
잠들지 않는 알람이 있다

꿈을 이룰 수밖에 없는 사람

인생에서 가장 시급하고 중요한 일이 무엇이라 생각하는가? 좀처럼 줄어들지 않는 빚을 갚는 것? 으리으리한 집에 사는 것? 사랑하는 가족의 행복을 지켜주는 것? 경제적 자유를 얻는 것? 각자의 상황에 따라 그 답은 다양할 수 있다.

내가 인생의 밑바닥까지 내려갔을 때는 모든 것을 포기

하고 싶었다. 그때 배운 것이 있다. 나는 인생에서 가장 중요한 것을 잊고 있었다. 바로 '자기 자신'이다. 자기 자신을 되찾는 것, 인생의 중요도로 보나 긴급성으로 보나 그보다 더 우선해야 할 가치는 없다. 당신도 지금 상황을 돌아보기 바란다. 내가 왜 사는지 잊은 채, 바쁘다고 뭐든 그냥 열심히 하고 있지 않은가.

진정한 나 자신을 어떻게 해야 되찾을 수 있는가? 나는 그 유일한 방법이 진짜로 원하는 꿈을 찾고 이루는 것이라 본다. 꿈이라는 분명한 삶의 목적이 있는 사람은 어떤 풍파에도 쉽게 자신을 포기하거나 놓아버리지 않는다. 그리고 의지대로 움직일 수 있는 단단하고 야무진 힘이 있다.

세상에는 세 종류의 꿈이 있다. 첫째는 머리로 꾸는 꿈이다. 이는 이성의 활동으로 이루어지는 꿈으로, 합리적이고 계산적이며 자기 이익에 초점이 맞추어진 꿈이다. 막연히 부자가 되겠다는 바람, 남들이 우러러보는 직업을 갖겠다는 포부 등이 이에 해당한다. 둘째는 가슴으로 꾸는 꿈이다. 좋아하거나 잘하고 싶은 일에서 성공하고 싶은 마음, 사랑하는 사람을 위해 멋있고 능력 있는 사람이 되고자 하는 열망 등이 가슴으로 꾸는 꿈이다.

머리로 꾸는 꿈은 한낮의 몽상처럼 끝나기 쉽다. 꿈을 이루는 지난한 과정을 인내할 만한 동력이 부족하기 때문이다. 무엇보다 그 꿈은 자신이 진짜 원하는 것이 아니라 타인의 시선에 의해 만들어진 것일 수 있다. 또한 가슴으로 꾸는 꿈은 맹목적이다. 치열한 사고 과정 없이 뜨거운 감정에 휘둘리면 애초에 의도하지 않았던 방향으로 흐를 위험이 있다. 열망이 쉽게 식을 수도 있고 지나치면 집착이나 두려움으로 변질될 수도 있다. 두 꿈 모두 현실로 이루기 전에 흐지부지 끝날 가능성이 크다.

마지막 세 번째 꿈은 배꼽 아래에서 올라오는 꿈god's calling이다. 나는 오직 이 꿈만을 나 자신을 되찾고 실현할 수 있는 수단으로 본다. 이는 이성적 사유나 감성의 울림으로는 깨달을 수 없는 꿈의 형태다. 이 꿈의 전조는 몸의 주체인 '나'만이 느낄 수 있다. 이는 아주 사적인 몸의 소리이자 깊은 심연에서 쪼개져 나오는 내면적 지진에 가깝다. 전심을 다해 나에게 집중하고, 내가 진짜로 원하는 것이 무엇인지 찾으려 하는 자만이 인식할 수 있는 고도의 자기 이해 단계라고도 볼 수 있다.

각 분야의 성공자들은 세 번째 유형의 꿈을 분명히 가지고 있다. 그들은 꿈이 무엇이냐는 질문에 1초의 고민도 없이 대답한다. 진짜라 부를 수 있는 꿈은 머리나 마음으로 꾸는 것이 아니다. 책상 앞에 오래 앉아 있다고 한들 꿈이 떡하니 나타나는 게 아니라는 말이다. 꿈이란 아랫배에서 훅 들어오는 것이다. 그걸 이루지 않고서는 그 어떤 일도 못 배기는 것이다.

진정한 꿈을 찾은 사람은 꿈을 이룰 수밖에 없다. 모든 의식이 꿈에 집중되어 꿈과 일상의 경계가 모호해진다. 일상이 곧 꿈이며 꿈이 곧 일상이 된다. 꿈을 향해 달려 나가는 것이 너무 즐거운 나머지 그 과정이 몹시 피로해 건강을 망칠 지경에 이르러도 멈출 수가 없다. 이런 상태에 있는 사람은 달콤한 아침잠의 유혹이나 화려한 밤거리의 쾌락도 더는 반갑지 않다. 그러니 꿈을 이룰 수밖에 없지 않겠는가.

당신이 성장하는 만큼 꿈도 성장한다

당신이 지금까지 인생에서 무수한 목표를 설정하고 실천하는 과정에서 "진짜 할 수 있을까?"라는 의심의 목소리에 힘들었던 경험이 있을 것이다. 그 이유는 그것이 진정한 목표가 아니거나 내면 깊숙한 곳에서 원하는 꿈이 아니었기 때문일 가능성이 크다.

나는 우선 당신이 진짜 꿈부터 찾기를 바란다. 그래서 그 꿈을 꼭 이루기를 바란다. 물론 진정한 꿈을 찾기란 그렇게 쉽지 않다. 각자의 상황에 따라 시간이 오래 걸릴 수 있고 몇 번의 포기나 방향 전환을 겪으며 의지를 잃었을 수도 있다.

돌아보면 나 역시 진정한 꿈을 찾기까지의 여정이 길었다. 10대 후반의 나는 세계적인 디자이너가 되기를 원했다. 디자이너가 되기 위해 일본과 프랑스에서 유학하며 좌충우돌하는 동안 내게는 유행을 선도하며 새로운 장르를 만드는 예술적인 능력이 충분하지 않다는 것을 수많은 기회비용을 지불하며 알게 되었다. 덤으로 내가 진짜 원하는 일이 아니라는 것도 깨달을 수 있었다.

30대에는 사업가로 장성하고 싶었다. 처음 해본 사업이었지만 초반부터 승승장구했다. 일이 잘되니 따르는 사람도 뒤따르는 일도 많았다. 나는 처음 경험한 성공의 달콤함에 취해 사업가로서 명민한 판단을 내리지 못했고, 결국 30대 사업가로서의 내 커리어는 10억 원의 빚과 믿었던 사람들의 배신으로 마무리되고 말았다.

쓰라린 실패로 얼마간 방황한 후 나는 40대가 되며 새롭게 창업을 결심했고 이를 적극적으로 실행에 옮겨 대성했다. 단 5년 만에 이뤄낸 성과였다. 프랑스 파리에서 시작한 요식 사업은 유럽 전역에서 30여 개의 계열사를 둔 글로벌 기업으로 성장했다. 영국의 유력 주간지에서 400대 부자로 나를 꼽았고, 자수성가한 소수의 여성으로 소개했으며, 프랑스 현지의 경영대학원 교재에 켈리델리가 성공 사례로 소개되기도 했다.

사업가로 최정상의 희열을 맛보던 시절, 부족한 것 없는 나날이 이어졌지만, 정신없이 꿈을 향해 달려가던 나날처럼 행복하지 않았다. 그즈음 이른 새벽에 잠에서 깬 나는 고요한 정원을 산책하던 중이었다. 그때 아랫배 저 어딘가가 꿈틀거렸고 내면의 자아가 나에게 말을 거는 것 같았다.

'켈리, 네가 정말로 원하는 일이 사업가로 사는 거니?'

내면의 목소리가 들리자마자 나는 기다렸다는 듯 답할 수 있었다.

'아니, 내가 원하는 최종적인 꿈은 사업가가 아니야.'

나를 위해 사는 삶은 마흔에 이미 접었다. 사업 실패를 비관하며 센강에서 생의 마지막을 생각할 때, 나를 위해 살지 않고 내 사랑하는 사람들을 위해 다시 한번 살아내리라 다짐했었다. 오직 내 성공만을 위해 살았다면 지금의 성과는 거두지 못했을 것이다. 생각이 거기까지 미치자, 배꼽 아래에서 꿈이 말했다.

'나는 내가 가진 삶의 경험을 나누며, 꿈을 위해 달려 나가는 이들을 돕고 싶다.'

실패와 성공의 경험 모두를 나누며 나처럼 아무것도 없이 가장 밑바닥에서 꿈을 쌓아 올라가는 이들의 멘토가 되고 싶었다. 그것이 내가 진짜 원하는 일이자, 내가 거둔 성공의 결정적 이유인 것 같았다.

생각이 말끔히 정리되니 앞으로 나아갈 방향에 대한 확신이 생겼다. 내가 만든 회사를 전문적으로 경영해 줄 전문가를 고용했다. 경영 실무에서 물러나 선한 꿈을 이루도록 돕는 멘토로 활동하기로 했다. 성장하는 이를 돕는 과정에서 나 역시 끊임없이 성장하고 싶었고, 나이와 지위라는 성역에서 벗어나 살아 있는 한 도전을 멈추지 않겠다고 다짐했다. 이후 사업은 오히려 더 승승장구했다. 나 역시 인생의 그 어느 단계에서보다 크게 성장했다. 내 앞에 더 큰 세계가 열렸다. 진짜 꿈은 상상 이상의 결과를 가져다주었다.

사람이 성장하는 만큼 꿈도 성장한다. 그렇기에 진짜 꿈을 찾으려면 주기적으로 목표를 점검하고 우선순위를 설정하기를 권한다. 5년 이상의 중장기 목표를 세우는 데서 시작하라. 그런 다음 그 기간을 혁신적으로 보내기 위해서 3년, 1년, 6개월 등 더 짧은 단위로 목표를 더 작게 쪼갠 뒤, 이를 달성하기 위한 구체적인 전략을 탐색해 보라.

이렇게 진정한 꿈을 향해 성장하는 과정에서 뿌리가 되는 시간이 바로 '100일'이다. 100일간 당신의 꿈을 위한 구체적인 목표를 세우고 최선을 다해 실천해 보라. 그러고 나서 자신에게 허심탄회하게 물어보라.

• 나는 목표한 바를 달성했는가?

- 내가 설정한 이 목표가 여전히 내게 중요한가?
- 인생에서 이 목표를 버린다면 내게 부정적 영향이 미치겠는가?

행여 자신과의 문답 과정에서 그 목표를 폐기한다고 해도 괜찮다. 그 단계에서 최선을 다했기에 비록 남들에게는 실패처럼 보여도 당신은 성장하고 도약했다. 이런 점검의 과정을 통해 100일간 갈고닦은 좋은 습관이 쌓이고 쌓이면, 잠재의식은 결국 당신을 가장 명확한 목적지, 즉 당신이 진정 원하는 꿈으로 데려가 줄 것이다.

진정한 꿈이 있는 사람은 매일 아침 일찍 일어나는 것이 버겁지 않다. 절실한 목표가 잠재의식의 알람 역할을 해주기 때문이다. 이제까지와는 완전히 다른 삶을 살고 싶다면, 또 아침 시간을 온전히 활용하고 싶다면 절실한 꿈을 100일간 매일 리마인드하라.

100일이라는 시간은 짧다면 짧은 시간이지만, 사실 인생의 축약판이라고 볼 수 있을 만큼 길고 귀중한 시간이다. 올바른 방법으로 100일간 꿈을 위해 노력하는 것만으로도 이미 80퍼센트는 그 꿈에 가까이 가 있을 수밖에 없다.

운명을 바꾸는
숫자의 힘

100일 후 당신은 다시 태어난다

습관을 조심하라. 운명이 된다.

영국 전 총리인 마거릿 대처의 말이다. 습관이 운명을 결정짓는다는 뜻이다. 나뿐 아니라 많은 사람이 '100일'은 습관 형성에 중요한 시간이라고 입을 모은다.

100이라는 숫자는 사회적·문화적으로 완전한 숫자다.

학교에서 시험을 볼 때 100점은 가장 높은 점수를 일컫는다. 세계 각국의 주요 화폐 단위도 100이라는 숫자를 중심으로 이루어진다. 대공황이 한창이던 1933년, 대통령에 당선된 프랭클린 루즈벨트는 취임 첫 100일 동안 15개의 주요 법안과 76개의 새로운 법률을 통과시켰다. 이를 계기로 '취임 후 첫 100일'은 대통령의 성과를 평가하는 중요한 기간이 되었다.

한국에서도 100이라는 숫자는 각별한 의미를 지닌다. 100일간 마늘과 쑥을 먹고 사람이 된 곰이 자식을 낳아 고조선을 건국했다는 신화가 있고, 전통적으로 아이가 태어난 지 100일 된 날을 기념하는 행사를 열며, 100세를 의미하는 상수上壽는 건강과 지혜의 상징으로 여겨진다.

그뿐만 아니다. 물이 끓어 수증기로 변하는 온도는 100도다. 이렇듯 100에는 물질의 구조와 성질이 변하는 경계에 다다른 지점, 즉 임계점의 의미도 담겨 있다. 특히 인간의 몸은 약 100조 개의 세포로 이루어져 있다. 우리가 하루 동안 먹고 자고 일하고 생활하는 동안 체내에서는 약 3000억 개의 세포가 소멸하고, 또다시 생성된다. 이러한 체내 세포의 생멸 과정을 세포 교체라고 한다. 체세포는 약 25~30일 주기로 교체된다. 이 교체기를 세 번, 즉 약 100일간 겪으면 인체의 세포 전체가 교체된다.

100일 전과 후의 우리 몸은 완전히 달라진다고 볼 수 있다. 건강한 사람이라면 거의 100일을 기점으로 새로 태어나는 것과 다름없다. 고지혈증이나 당뇨, 고혈압 등 대사질환 등으로 병원에 갔을 때 일련의 검사를 한 뒤 "3개월 후 다시 오세요"라고 이야기하는 것을 자주 들었을 것이다. 3개월 후 재진은 인체의 세포 회전주기에 근거한 통상적인 처방이다.

이러한 몸의 주기를 이해하면 왜 새로운 습관을 만들기 위해 100일간 정진해야 하는지를 자연히 알 수 있다. 100일은 습관을 몸과 정신에 새롭게 정착시키는 최소 단위다. 인간은 누구나 현재의 가진 습관을 지키려는 항상성이 있다. 그래서 목적 없이 몸에 밴 습관대로 살면 그게 운명이 되는 것이다. 습관을 '제2의 천성'이라 부르는 것도 이 때문이다. 100일간 몸의 관성을 거슬러 새로운 습관을 주입하면, 몸이 이를 받아들이고 학습해 제2의 천성으로 만든다.

우리의 몸은 규칙성을 원한다. 예컨대 정해진 시간에 적당한 분량의 음식을 규칙적으로 먹지 않으면 위장은 체내로 들어온 음식을 대사하지 않고 축적하려는 성향이 있다. 더 나아가 도가 지나치게 불규칙적으로 식사하면 위장 자체가 망가져 버린다. 습관을 만들 때도 상황은 다르지 않다. 매일 꾸준히 정해진 시간 동안 반복적으로 같은 행위를 하는 것이 중요하다. 습관 형성에 벼락치기는 불가능하다. 은근한 '끈기'가 습관 형성의 가장 강력한 무기다.

많은 심리학 연구에서 어떤 행동이 습관으로 자리 잡는 데 평균 66일이 걸린다고 말한다. 하지만 익히기 어려운 일까지 습관화하려고 하거나, 새로운 습관을 탑재함으로써 과거의 자신과 완전히 결별하는 임계점을 통과하려면 100일의 끈기가 꼭 필요하다. 100일간 성실하게 익힌 행동은 이전으로 쉽게 돌아가지 않는다. 성공으로 가는 회로가 몸과 마음에 각인된다. 자기 안에 습관이라는 일종의 자동화 시스템을 탑재하는 것과 같다. 또한 100일의 정성은 어떤 행동 하나를 새로 익히게 하는 데 그치지 않는다. 100일의 경험을 통해 단련된 끈기는 연쇄작용을 일으킨다. 다른 좋은 행동을 습관으로 만들려고 하는 의지와 열망으로 이어지며 그 노력을 좀 더 수월하게 해준다.

결정적으로 100일의 끈기는 내면의 보물창고인 잠재의

식의 자물쇠를 푸는 열쇠다. 꾸준히 시도하다 보면 몸과 마음이 그 열망의 대상을 받아들여 습관이 되고, 더 지속해 나가면 잠재의식에 심기는 씨앗이 된다. 반복이 잠재의식을 움직인다. 포기하지 않고 원하는 것에 집중해 계속 두드리면 그 강력한 기적의 힘에 가닿을 수 있다. 열망하는 대상을 현실로 불러와 쟁취할 수 있는 힘이다. 100일의 끈기로 잠재의식에 꿈을 새기라. 반드시 현실이 된다.

작심삼일 대신 작정삼일로 바꿔야 하는 이유

많은 사람이 끈기는 타고나는 것이냐고 내게 묻는다. 그럴 때 나는 "No!"라고 말한다. 단, 끈기는 부자가 되기 위해 꼭 필요한 자질이다.

끈기는 생득적인 기질이 아니다. 태어날 때부터 가지고 있는 재능이 아니라는 것이다. 끈기는 후천적인 노력으로 충분히 가질 수 있다. 우리가 인생을 살아가면서 도전하고 연습하여 늘려갈 수 있는 기질이다. 지금껏 어떤 시도를 하든 늘 사흘이 못 가 끝났던 사람도 노력을 통해 충분히 끈기를 가질 수 있다. 나 역시 끈기가 강한 사람이 아니었다.

너무 추상적이거나 방대한 목표는 끈기를 기르는 데 오히려 방해된다. 중장기 목표를 명확히 정한 뒤, 그에 상응하는 단기 목표를 잡아 적극적으로 행동하는 것이 가장 효과적이다. 내가 할 수 있는 만큼의 아주 작고 쉬운 일부터 시도해서 성취감을 얻고 할 수 있는 일을 늘려가 보라. 할 수 있다는 마음가짐이 갖춰져야 끈기도 따라붙는다.

당신은 부자가 되고 싶은가? 혁신적인 아이디어로 창업해 제2의 스티브 잡스나 일론 머스크가 되려 하는가? 그렇다면 100일간 아침 습관을 만드는 사소함에서 시작하기 바란다.

트위터의 전 CEO 잭 도시는 하루에 16시간 이상 일하는 워커홀릭으로 유명하다. 그런데도 매일 새벽 5시쯤 일어나 20분간 명상하고 6마일을 달리는 등의 운동을 한다. 그는 이런 아침 루틴이 사업상의 올바른 결정을 내릴 최고의 상태로 이끈다고 확신한다. 특히 통제를 벗어난 문제가 발생했을 때 포기하지 않고 효과적으로 대처할 수 있게 해준다고 말한다. 이처럼 100일간 아침 루틴으로 당신이 그토록 바라던 부의 열쇠를 만들어라.

혹 당신은 훌륭한 리더가 되고 싶은가? 수많은 정보 속에서 자신만의 확고한 리더십을 발휘해 최선을 선택하려 하는가? 역시 100일간 아침 습관을 새롭게 만드는 데서 시작하기 바란다.

버락 오바마 전 대통령은 공식 업무 두 시간 전에 아침 루틴을 시작했다. 그는 특히 그 시간 동안 언론이나 뉴스 기사를 철저히 차단했다. 수많은 문젯거리가 자신의 의식에 침범해 들어오는 것을 허용하지 않았다. 이는 자신이 내려야 할 의사결정의 양을 최소화하고, 주변의 쓸데없는 일이나 의견에 휘둘리지 않고자 함이다. 이렇게 함으로써 그는 의사결정의 순간마다 지구력 있게 에너지를 집중해 자기만의 계획과 문제 해결 능력을 발휘했다.

하지만 안타깝게도 우리에게는 중요한 일을 미루거나 늦게 하는 경향이 있다. 완벽함과는 거리가 먼 우리의 경향성을 넘어서는 방법 중 한 가지는 실패한 그 자리에서 다시 시작하는 것이다. 나는 반드시 성취하고 싶은 일이 있을 때 늘 작심삼일을 반복한다.

실패에 연연하느라 자신의 성취를 충분히 칭찬하지 못

할 때가 있다. 자기 자신에게 엄격하고, 관대하지 못한 사람들일수록 더 그러하다. 물론 반성하며 내면을 정화하는 시간은 중요하다. 그러나 실패에 연연하는 것과 반성하는 것은 질적으로 다르다.

성공하는 사람은 끝도 없이 자기 일을 파고들며 아주 당연하다는 듯이 실패한다. 그리고 다시 시작한다. 실패를 반성하는 사람은 실패를 실패라고 여기지 않으며 성공의 과정일 뿐이라고 인식한다. 끈기는 실패를 딛고 계속 도전하며 지속하는 힘이다.

'작심삼일'이라는 말도 흔히 부정적으로 쓰인다. 한번 마음 먹은 일을 어떤 실패나 부침 없이 끝까지 밀어붙이는 사람이 과연 얼마나 있을까. 결심이 사흘이 가지 못하는 것은 지극히 인간적이다. 이 평범한 시시함을 인정하고 작심삼일을 반복할 때에라야 오히려 원하는 결과를 얻을 수 있다.

작심삼일을 '작정삼일'으로 바꿔보자. '작정삼일'은 끈기를 기르는 데 매우 주효한 전략이기도 하다. 달리 말해 끈기는 마음만 먹으면 가질 수 있다. 한다면 하는 사람이 될 수 있다. 비결은 100일까지 반복의 횟수를 늘리는 것이다.

100일은 자신의 끈기를 측정하기에 좋은 기간이다. 100일 간 반복하는 생각과 행동은 잠재의식에 집어넣을 수 있다. 일단 잠재의식에 저장된 것은 끌어당김으로써 언제나 현실화할 수 있다. 그렇게 해서 삼일의 반복이 습관으로 자리 잡으면 당신은 끈기를 지배하게 된다.

실패한 나에게 집중하지 않고, 다시 시작하는 나에게 집중하는 것은 어마어마한 차이를 낳는다. 실패한 과거의 나에게 함몰되어 새롭게 시도할 기회를 스스로 박탈한 적이 단 한 번도 없다고 말할 수 있는가? 설령 내가 이룬 성과가 보잘것없더라도 칭찬할 줄 알아야 한다. 성장하는 데 칭찬만 한 명약도 찾기 어렵다.

내 경험이기도 한데, 다이어트를 하다가 떡볶이 앞에서 결심이 와르르 무너졌을 때 나는 자신을 비난하지 않고, 이렇게 말했다.

'3일 동안 철저히 식단을 지키고, 운동도 했잖아. 즐겁게 먹고 다시 내일부터 시작해도 괜찮아.'

다만 마음먹은 대로 끈기 있게 하지 못하고 실패를 자주

하면 자기 자신을 의심하게 된다. 결국 그 끝은 팔자를 운운하거나 태생이 어쩔 수 없다는 식의 실패자 마인드로 이어진다. 만약 당신이 크고 작은 실패를 겪었다면 안과 밖에서 합리적인 원인을 찾아야 한다. 실패는 영원하지 않다는 사실을 지금 머릿속에 입력하기를 바란다.

이를 위해 나는 작심삼일 긍정 일기 쓰기를 추천한다. 작심삼일로 끝났어도 칭찬과 감사의 말로 다시 의지와 열정을 북돋아 줘라. 이는 실패를 확정 짓지 않는 노력이다. 이 기록을 모으면 인생의 오답 노트가 된다. 자신이 어떤 유혹에 약하고 언제 흔들리는지를 파악해서 통제력을 높이는 데 쓸 수 있다. 당신이 미래의 나에게 줄 수 있는 가장 가치 있고 놀라운 선물이 될 것이다.

과거에는 부정적인 마음의 목소리가 나를 집어삼킬 때도 있었지만, 지금은 그렇지 않다. 부정적인 목소리는 명상하며 흘려보내고 긍정적인 목소리만을 몸에 담아둔다. 그러면 나에 대한 근본적인 믿음이 생긴다. 무엇이든 과하면 지친다. 바라는 것이 있다면 100일 동안 꾸준히 20분만 그 바람을 위해 투자하라. 1시간, 2시간을 하고 싶어도 참기 바란다. 자기 긍정과 꾸준함을 습관으로 만드는 것이 우선이다.

습관의 '습習'은 '깃털 우羽'와 '스스로 자自'에서 변형된 '흰백白'으로 구성되었다. 어린 새가 처음으로 날기 위해 백 번의 날갯짓을 해야 한다는 의미가 담겨 있다고 한다. 이미 날개를 갖고 태어난 새도 처음에는 날개를 수백 번 퍼덕이며 반복해서 연습할진대, 하물며 이전의 몸과 정신에 없던 새로운 습관을 익힐 때라야!

처음부터 완벽하게 할 수는 없다. 작고 꾸준한 노력부터 실천하다 보면 언젠가 하늘 높이 비상하는 경지에 이르리라. 당신의 비상을 보고 싶다.

100일의 기적:
켈리 최 끈기 프로젝트

기적은 한 바가지의 물에서 시작된다

자기 긍정이 내면화되고, 작은 목표를 성취하며 자신감이 생겼다면 이제는 100일간 행동하며 자신을 시험해 보는 일이 남았다. 무슨 일이 있어도 100일간 자신이 목표한 성취를 이루겠다는 결연한 의지가 필요하다. 하루도 빠짐없이 정진했다면 당신은 분명 꿈을 이루는 소수의 사람이 될 것이다.

앞서 소개한 다섯 가지 모닝 시크릿 루틴을 모두 실천하기가 어렵다면 그중 한 가지만 시작해 봐도 좋다. 중요한 건 '지속성'이다. 반복 행위를 통해 잠재의식에 루틴을 새겨 습관으로 만드는 전략이다. 물론 딱 한 가지만 해야 한다면 시각화를 꼽겠다. 오늘 하루를 가장 이상적으로 산다면 어떤 모습인지를 눈을 감고 상상하고 거기에 가까이 가기 위해 아주 작은 행동을 하는 것이다. 다만 독서는 많은 이에게 가장 친숙하고 접근성이 높은 루틴이다. 그러니 끈기를 기르는 데 내가 가장 추천하는 것은 100일간 아침마다 빼놓지 않고 책을 읽는 것이다.

책은 인류의 지혜가 집약된 매체이자, 내면을 변화시키는 힘이 있는 물건이다. 인간은 이성과 감성의 복합체이자, 몸과 마음이 함께 작동해야 움직이는 존재다. 나는 그런 인간을 근본적으로 변화시키는 매체는 오직 책뿐이라고 믿는 사람이다. 실제로 각 분야의 성공자들은 하루 평균 30분을 독서에 투자하여 일주일에 한 권, 일 년에 약 55권의 책을 읽는다고 한다.

'하루 10분 책을 읽는다고 내 인생이 달라지겠어?'

'책이 나처럼 운이 없는 사람을 어떻게 부자로 만들겠어?'

'책과 꿈과 무슨 상관이 있는 거야?'

'읽어도 기억조차 나지 않는데 내가 똑똑해지겠어?'

만약 당신이 이렇게 생각하고 있다면 '마중물 효과'를 반드시 알아야 한다. 펌프로 물을 퍼 올리려면 미리 물을 한 바가지쯤 부어야 한다는 원리다. 아무리 메마른 펌프도 그까짓 물 한 바가지 덕에 저 밑바닥 지하수를 끌어올린다. 그게 무엇이든 당신이 이루고자 하는 것의 마중물은 아주 작은 습관이다. 당신의 인생을 활기차게 할 마중물만 있으면 더 이상의 문제는 사라진다.

당신이 생각하는 '그까짓 10분'은 낙숫물이 바위를 뚫듯, 당신의 인생 전반을 바꾼다. '10분'이 중요한 게 아니라 이것을 '매일' 하는 게 핵심이다. '매일 10분'은 당신에게 혜안을 선사할 것이며 성장의 벅찬 감동을 선물할 것이다.

현재 '켈리 최(@KELLYCHOITV)'라는 유튜브 채널을 운영하고 있다. 채널 구독자들과 100일간 매일 아침 독서나 운동, 시각화 등을 실천하는 '100일 끈기 프로젝트'를 진행했고, 수천 명의 켈리스가 이 프로젝트에 참여했다. SNS에도 '끈기프로젝트'라는 태그를 단 게시물이 60만 건 이상이 올라왔을 정도다. 이 책은 그들과 수백 일간 매일 함께 성장하며 쌓아온 감동적인 성취에서 얻은 귀중한 배움들을 정리하고 그 의미를 되새겨 보는 값진 의미도 갖고 있다.

프로젝트 참가자들은 매일 아침 읽은 책을 인증하며 서로를 격려했다. 끈기 프로젝트를 성공적으로 마친 사람들은 확연히 달라진 자기 모습에 놀라움을 금치 못했다. 그 한 번의 성공 경험이 다른 성공 경험으로 이어진다는 것을 직접 경험하고, 이 기적 같은 성공담을 공유하기도 했다.

더욱 놀라운 것은 참여자의 90퍼센트 이상의 사람이 자신에게도 끈기가 있음을 증명해 냈다는 점에 있다. 스스로에게 끈기가 없다고 단정 짓던 사람들은 자신의 새로운 모습에 감동하며 엄청난 에너지를 얻었다. 완전히 다른 삶을 살게 된 것이다.

100일 끈기 프로젝트를 진행한 것은 끈기를 만드는 일이 혼자 힘쓰는 것보다 여럿이 함께해야 훨씬 쉽기 때문이다. 빨리 가려거든 혼자 가고, 멀리 가려거든 함께 가야 한다. 끈기 프로젝트가 그랬듯, 이 책도 수많은 독자에게 변화의 마중물이 되기를 바란다. 지금 바로 이 책을 마중물로 삼아라. 이 책을 함께 읽을 사람을 구하라. 그러고 나서 함께 실천할 사람을 모으고 단호하게 도전해 보라.

혹은 SNS에서 현재 우리가 진행 중인 끈기 프로젝트를 찾아오라. 운동, 독서, 필사 등 다양한 프로젝트가 이미 진행되었거나 진행되고 있다. 거기에 내가 수천 명의 페이스 메이커로서 여기저기에 흔적을 남겨놓았다. 당신이 100일의 도전을 지속하는 데 도움이 될 것이다. 먼저 실천하고 기적을 경험한 사람들에게서 절대 실패하지 않는 법 등 당신이 궁금해할 만한 조언을 얻을 수도 있다.

그러니 걱정하지 마라. 당신은 그저 우리와 함께 참여하겠다고 결단하기만 하면 된다. 일단 딱 7일만 해보라. 결단력 있는 사람이 되면 세상이 다르게 보일 것이다.

100일 동안 여섯 단계 성장하는 기쁨을 누려라

100일 끈기 프로젝트는 독서뿐 아니라 운동, 시각화 등 다양한 프로그램으로 계속 진행되고 있다. 100일은 결코 짧은 시간이 아니다. 한 가지 목표를 향해 나아가는 100일은 성공 습관을 기르고, 꿈을 이루는 극소수의 사람이 되는 토대가 된다. 우리는 끈기 프로젝트를 진행하며 스스로가 변화하고 있음을 깨달았다. 변화해야 성장할 수 있다. 특히 나는 인간이 시간의 흐름에 따라 성장한다는 것을 알게 되었다. 이 성장의 과정을 여섯 단계로 정리했다.

7일: 결단력 있는 사람이 되는 단계

살면서 느끼는 어려움은 어떤 일을 시작했을 때보다 망설이고 있을 때 더 자주 찾아온다. 너무 오래 생각하는 습관은 목표를 이루는 여정에 별로 바람직하지 않다. 일단 결단하고 실행하는 편이 훨씬 더 유익하다. 완전한 상태로 결단하는 일은 감흥이 없다. 불완전한 상태에서의 결단이라야 빛이 나고 감동이 있다. 실패를 미리 두려워하는 마음을 버려도 괜찮다. 7일간 빠짐없이 루틴을 실천했다면 당신의 정체성을 바꿔라. 당신은 이제 결단력 있는 사람이다.

21일: 영향력의 뿌리가 생기는 단계

3주간 목표한 일을 해낸 당신은 타인에게 영향력을 끼칠 자질을 충분히 갖춘 사람이다. 영향력은 중요한 자질이다. 목표를 이루고 성공을 거두어 경제적 자유를 넘어설 정도의 막대한 부를 거머쥔 사람은 누군가의 삶에 선한 영향력을 끼쳐야 한다. 부는 쌓고 축적하는 게 아니라 다른 사람에게 흘려보내는 것이기 때문이다. 그런 의미에서 부자는 영향력을 끼치는 사람이다. 영향력을 끼치는 사람은 유형의 자산을 보여주기보다 무형의 자산을 보여주는 사람이어야 한다. 핵심 가치, 결단력, 선언, 믿음, 신념, 확신, 질문 등 눈에 보이지 않는 고귀한 정신을 전달해야 한다. 21일간 흐트러짐 없이 목표를 실천한 당신은 영향력을 끼치는 인물이다.

30일: 성공 습관이 내면화되는 단계

앞서 강조한 대로 체세포는 25~30일 주기로 새롭게 교체된다. 몸은 당신이 한 달간 수행한 일을 습관으로 받아들일 준비를 마쳤다. 한 달을 이루는 30일은 삶에서 중요한 기간이다. 단 30일로 완성되는 인생의 성취가 제법 많기 때문이다. 타인의 의견이나 결정을 기다리지 않고 스스로 30일을 해냈다는 것은 이제 당신에게 성공하는 습관이 있음을 의미한다. 무엇을 하든 성공할 수 있는 뿌리를 심은 것이다. 오늘의 30일이 앞으로 60일이 될 게 분명하다. 60일이면 두 배 이상으로 많은 것을 성취할 수 있는 기간이다.

50일: 존경받는 사람이 되는 단계

도저히 불가능하다고 생각했던 것도 멈추지 않으면 가능성이 보인다. 50일 달성은 지금까지 해오던 것처럼만 하면 100일이라는 목표에 도달할 수 있음을 시사한다. 당신은 도전했고 그 과정에서 성장했다. 이는 단순히 당신만의 변화가 아니다. 당신을 바라보고 있는 가족과 친구, 지인, 동료 등이 이미 좋은 영향을 받고 있다. 그들의 성향에 따라 당신에게 따뜻한 말 한마디를 해줄 수도 있고, 가벼운 농담이나 질투 섞인 핀잔을 던질 수도 있다. 그렇다. 당신은 타인에게 선한 영향을 주는 모범이 되는 사람이다.

70일: 언행일치를 만드는 단계

마음이 흐트러지면 사리에 어긋나는 언행으로 이어진다. 말과 행동은 한 인간을 담아내는 그릇이자 삶의 지표다. 70일을 달성한 당신은 말과 행동을 다스리고, 그것을 일치시킬 수 있는 단단한 내면을 가진 사람이다. 이제 한번 한다면 하고야 마는 사람이 된 것이다. 어떤 도전도 결단하면 이룰 수 있는 동력을 갖춘 사람이다. 특별히 잘하는 것이 없는 나지만, 딱 하나 특이한 점이 있다면 한번 한다고 말한 일은 꼭 해내고 마는 습관이 있다는 점이다. 이는 내 성공의 특급 비밀이라고 할 수 있으니 당신이 이 경지에 꼭 도달하기를 바란다. 70일 차까지는 사람이 습관을 만들지만 100일 차부터는 습관이 사람을 만들 것이다.

100일: 꿈을 이루는 0.1퍼센트가 되는 단계

긴말하지 않겠다. 100일간의 도전에 성공했다면, 나는 당신이 원하는 꿈을 이룰 것이라는 사실을 추호도 의심하지 않는다. 부, 공헌, 인격의 3요소를 갖춘 멋진 성공자가 되기를 바란다. 당신의 영향력에 온 세상이 놀랄 것이다.

100일간 자신의 습관 지속력을 눈으로 확인할 수 있게 해빗 트래커를 활용하면 좋다. 자신이 어느 단계의 성장에 와 있는지 가시화하라. 자신을 객관적이고 현실적인 눈으로 바라보며, 긍정적 자극을 받을 수 있다. 이 책의 부록을 참고하기 바란다. 매일 꾸준히 실천하면서 단계별로 잘한 점과 개선할 점을 스스로 평가하고 적어보자. 아울러 하나의 목표를 100일간 실천해 나갈 때, 그 목표를 더 잘게 쪼개어 여섯 단계별로 단기 목표를 세우거나 보상을 마련해도 좋다.

꿈을 위해 단 하루라도
미쳐본 적이 있는가

100일간 1퍼센트씩 성장하면 이루어지는 일

100권의 책을 독파한 시절이 있었다. 그때는 성장에 미쳐 있었다고 해도 과언이 아니다. 죽기 아니면 까무러치기인 시절이었는데, 센강에서 죽지 않고 살기로 결심했으니 성장하기 아니면 까무러치기였다. 체력도 바닥이고 마음의 힘도 전혀 없던 그때, 일단 살기 위해서는 몸과 마음의 근력을 키워야 했다.

독서가 정신에 미치는 효과는 운동이 신체에 미치
는 효과와 같다.

영국의 전설적인 언론인이자 문필가인 리처드 스틸
Richard Steele의 말이다. 마음의 근력을 다잡으려면 나보다
잘난 사람들의 이야기가 필요했다. 소위 성공했다는 사람
들의 이야기를 직접 들을 수 없으니, 그들이 공들여 쓴 책
을 읽고 그들의 비법을 따라 했다. 손해 볼 것도 없었다. 좋
다는 것은 의심하지 않고 일단 따라 하고 보는 것이 내가
가진 장점 중 하나다.

재기에 목말랐던 나는 매일 성공자들의 책을 씹어 먹듯
이 읽으며 그들의 성공 노하우를 내 것으로 만들 거라 다
짐했다. 그렇게 하지 않고서는 캄캄한 상황에서 벗어날 엄
두가 나지 않았다. 마흔 줄에 접어든 타국에 있는 미혼 여
성에게 취직은 요원했다. 실패한 사업의 그늘이 서슬 퍼렇
게 남아 있어 쉽게 새로운 일을 시작하는 것도 두려웠다.
어떤 사업을 해야 할지도 감이 오지 않았다.

조급함을 내려놓고 매일 책을 읽으며 하루에 1퍼센트씩
성장하겠다고 결단했다. 자기계발 분야의 책 100권을 탐

독했을 때, 1퍼센트의 성장이 쌓이고 쌓여 100퍼센트를 완성했다. 100권의 책을 읽으면 그 분야의 학위를 딴 것과 같다. 한 분야의 책을 100권을 읽으면 그 분야의 전문가가 될 수 있다. 그리고 책에서 배운 것을 행동으로 옮기지 않고서는 도저히 견딜 수 없을 만큼의 실행력이 생긴다.

100권 읽기 덕분에 난독증이 있던 내가 독서 습관을 갖게 되었다. 기적 같은 일이었다. 처음부터 욕심을 내서도 안 될 일이었다. 매일 조금씩 전진해야 했다. 1퍼센트씩 성장하는 게 느리고 답답하게 느껴질 수도 있다.

하지만 기억하라. 때로는 힘을 빼야 멀리 간다. 내가 사업을 잠깐 위임하고 요트 여행을 갔을 때, 무동력 요트로 대서양을 누볐다. 무동력 요트는 노도 없고 모터도 없는 요트다. 오로지 돛에 바람을 받아 그 바람의 힘만으로 간다. 노와 모터가 강렬한 열정이나 의지라면 바람의 힘은 자동화된 습관이다. 모터의 동력이 떨어지거나 노를 젓는 힘이 다할 수 있는 것에 비해 바람과 돛은 우주와 자연의 도움이 있는 한 오래갈 수 있다. 단지 바람이 부는 그 순간의 기회를 잡는 성실함을 습관화하는 노력만이 필요하다. 목표를 향한 여정은 지속 가능해야 한다. 인생은 그런 것이다.

상위 1퍼센트 성공자가 가진 습관을 따라 하라

100권의 책을 읽고 나자 에너지가 다시 차올랐다. 그뿐만 아니라 인생의 해답이 책 속에 있음을 발견했다. 자산 상위 1퍼센트가 전 세계 96퍼센트의 재산을 독식하고 있다고 한다. 날 때부터 거대한 부를 거머쥔 사람도 있지만, 현대사회에는 부의 세습 없이 자기 능력만으로 일가의 부를 이룬 사람들이 있다. 워런 버핏, 리처드 브랜슨, 셰릴 샌드버그Sheryl Sandberg와 같은 자수성가형 억만장자나 대성한 사업가, 각 분야에서 최고로 성공한 사람들은 공통점이 있다. 나는 이들의 공통점을 책 속에서 발견했다. 그리고 실제로 직접 실행하며 그 실효성을 확인했다.

흔히 성공자들은 다른 사람들과는 다른 뭔가 특별한 점이 있다고 생각한다. 이 역시 근거 없는 편견이다. 수백 명의 성공자를 직접 찾아가 인터뷰한 나폴레온 힐Napoleon Hill과 팀 페리스Tim Ferriss는 그들에게 특별한 힘이나 뛰어난 재능이 있었던 것이 아니라고 말한다. 오히려 그들은 결점투성이의 문제적 인간들이었다.

단 하나 그들이 다르게 생각하고 행동하는 것이 있다면

바로 뚜렷한 목표를 세웠다는 것이다. 그 목표는 보통 사람의 눈에는 너무 터무니없거나 실현 불가능해 보였다. 살아 있는 동안 도저히 도달할 수 없을 것 같은 목표일지라도 상관없었다. '언어'로 상정된 목표는 실현될 수 있다. 이 외에도 그들에게는 몇 가지 공통점이 더 있었다. 그것을 정리해 보니 일곱 가지였다. 이는 『웰씽킹』에도 성공하는 사람들의 습관이자 실행 도구로 소개되었다.

1. 한 문장으로 말할 수 있을 정도의 분명한 목표를 정하고 되새김으로써 잠재의식에 신념을 심는다.
2. 목표를 성취하는 데 걸리는 구체적 시간인 데드라인을 설정하고, 그때까지 목표를 이루기 위해 최선을 다한다.
3. 목표를 이룬 뒤의 결과를 시각화 훈련을 통해 구체적으로 상상함으로써 잠재의식에 새겨 넣는다.
4. 목표를 위한 액션플랜을 세우되, 내가 당장 실행할 수 있는 가장 쉬운 일부터 시작해 차차 더 어려운 액션플랜에 도전한다.
5. 목표를 이루는 데 방해가 되는 세 가지 나쁜 습

관을 버림으로써 불필요하게 소비되던 시간을
자신의 발전과 성장을 위해 쓴다.

6. 한 문장으로 정리된 자신의 꿈을 보이는 곳마다
적어두고 하루에도 수십 번씩 상기한다.

7. 한 문장으로 정리된 자신의 꿈을 매일 100번 외
치거나 더 간절한 마음을 담아 100번을 쓴다.

내로라하는 성공자들이 말하는 습관이 이 정도라니, 할
만하다 싶었다. 사실 그들이 이룬 성취는 그들이 아무에게
도 알려주지 않고 몰래 숨겨둔 습관들 덕분이 아닐까 하는
의심이 들기도 했다. 하지만 일단은 한 치의 의심 없이 그
들을 믿고 따라 하기로 결단했다. 그리고 최종 목표를 정
했다.

'5년 안에 300억 원의 부자가 되겠다.'

그렇게 내 목표 성취를 향한 여정이 시작되었다. 이것은
가슴 설레는 꿈의 여정이기도 했다. 이 과정에서 성공자들
의 일곱 가지 생각 습관을 내 나름으로 업데이트하며 매뉴

얼로 만들었다. 이것이 '웰씽킹'의 시작이었다.

단기 목표를 정해 100일간 정진하며 그 시간을 온전히 살아내는 데 집중했다. 100일간의 단기 목표 달성에 성공하면, 또 다른 목표를 세워 다시 시작했다. 그렇게 단기 목표 실현의 과정을 반복했다. 그러자 나에 대한 무한한 자신감이 생겼고, 도전이 두렵지 않게 되었으며 실패는 더 두렵지 않게 되었다. 습관의 연쇄작용이 일어난 것이다.

매뉴얼을 5년간 실천한 결과는 당신이 알고 있는 그대로다. 5년 만에 나도 그들처럼 수조 원의 누적 매출을 올리고, 수천억 원을 소유한 자산가가 되었다. 나아가 수천 명에게 긍정적인 영향을 주는 사람이 되었다. 한 분야에서 최고를 찍은 것이다.

등산해 본 경험이 있다면 정상에 올랐을 때 전경이 어떤 느낌을 주는지 알 것이다. 산 아래에서는 절대로 볼 수 없는 경치가 삶에 에너지를 불어넣는다. 산을 오르며 겪었던 고통과 아픔을 보상받는다. 어디 이뿐이겠는가?

한 번 정상에 오르면 낮은 산, 높은 산들이 한눈에 보인다. 바닥에 있으면 몰랐을 정보들을 속속들이 알게 된다. 지금 바로 정상에 오를 수 있는 산들이 보이는 건 물론이며, 정상에 올라서서 보니 엄청나게 높으리라 생각한 산이 별것 아님을 깨닫게 된다.

최정상이 100퍼센트라고 가정할 때, 많은 사람이 70~80퍼센트를 오르고는 최선을 다했다며 포기한다. 사실 그들은 정상까지 가기를 포기할 수만 가지 이유를 찾는다. 자기 능력으로는 한계인 것 같고 경쟁자도 많아 보인다. 그러고는 마침 가보지 않은 옆에 있는 산이 쉬워 보여서 그 산에 도전한다.

하지만 100퍼센트를 등정하지 못하고 다시 옆 산을 오르려 하면, 우선 올라간 만큼 내려와야 한다. 그리고 수많은 시행착오를 다시 겪으면서 시간을 쓰게 된다. 게다가 막상 다른 산에 오르다 보면 그때도 정상에 도달하지 못할 이유가 또 생긴다.

그러니 70~80퍼센트 지점에 도착했을 때 그만두어야 할 타당한 이유가 있다고 하더라도 멈추지 말고 100퍼센트까지 가보라. 그것이 어떤 업의 한 분야든 혹은 습관을 쌓는 과정이든 일단 한 번이라도 끝까지 올라가 본 사람은 시야도 넓어지고 다른 산을 오를 때도 더 빠르게 오르게 된다.

나는 아주 많은 사람이 새로운 것을 시작할 때는 나무늘보처럼 느리게 시작하고, 끝낼 때는 번개처럼 포기하는 것을 봤다. 이는 아무런 성과도 없이 인생을 허망하게 보내는 일이다. 지금 오르고 있는 100일이라는 산을 한 번이라도 끝까지 오르라. 지금 눈앞에 주어진 단 하루의 과제에 전력을 다하라. 켈리가 할 수 있다면 당신도 할 수 있다.

인생의
황금비율을 찾아서

일도 삶도 모두 내 인생이다

나는 직업이 여러 개다. 글로벌 기업의 창업자이자 회
장, 강연자, 인플루언서, 비즈니스 멘토, 자기계발과 인생
코치, 한 아이의 양육자 등의 직업 중 단 하나도 쉬운 것이
없다. 시간을 분배해 오롯이 집중하지 않으면 직업인으로
서 제 역할을 해낼 수 없다. 지금도 주중에는 12시간 이상
일할 때가 잦다. 지칠 법도 하지만 대부분 내가 즐겁고 좋

아서 하는 일이라 시간과 노력이 아깝지 않다.

이런 내게 '워라밸'에 관해 조언을 구하는 경우가 많다. 워라밸은 MZ세대가 사회의 중심으로 부상하면서 화두가 된 개념이다. 요즘 들어 그만큼 많은 사람이 직장이나 직업 선택에서 일과 삶의 균형work and life balance을 가장 중요하게 여긴다는 뜻이다.

워라밸을 이야기할 때, 흔히 일과 삶의 균형을 산술적인 방식으로 접근하려 한다. 일하는 시간과 그 외 시간을 절반씩 나누고, 일하지 않는 시간에 자기 삶을 위한 활동, 즉 운동이나 여가, 취미에 쓴다는 식이다. 나는 이런 접근이 잘못되었다고 생각한다. 시간의 개념을 '질'이 아니라 '양'으로 보기 때문이다. 일도 내 인생이고 삶도 내 인생이다. 일과 삶의 양적인 균형을 맞추려는 데서 벗어나서 질적인 균형을 맞추려 노력해야 한다. 결국 이렇게 물어야 한다.

- 어떻게 하면 더 잘 살 수 있을까?
- 어떻게 하면 일도 잘하고 가족과도 즐겁게 보낼 수 있을까?
- 어떻게 하면 둘 다 잘할 수 있을까?

이런 의미에서 나는 워라밸을 크게 두 가지로 구분해야 한다고 생각한다. 하나는 '단기형 워라밸'이다. 하루 8시간 일하고 퇴근 또는 주말에 여가 생활을 즐기는 '단순 만족형 워라밸'이다. 다른 하나는 '장기형 워라밸'이다. 장기 계획을 세우고 일정 수준에 오를 때까지 열심히 일하는 '장기 성취형 워라밸'이다.

단순 만족형 워라밸은 흔히 말하는 워라밸이다. 하루 8시간, 주 5일 동안 일하고 나머지 시간은 번 돈을 쓰며 여가를 보내는 유형이다. 이런 유형의 사람은 정년퇴직할 때까지 심지어는 은퇴 후에도 돈 걱정을 하며 살아간다.

이렇게 단순 만족형이 그냥 시간을 흘려보내고 있을 때, 장기 성취형은 어떤 일을 하든 자신에게 주어진 시간을 질 높게, 더 효율적으로 쓰고자 한다. 예를 들어 퇴근 후나 자투리 시간, 주말에 틈틈이 미래를 준비하는 것이다. 쉽게 말하면 자기계발과 성장에 힘쓴다. 이처럼 인생이 매일 조금씩 더 성장할 수 있도록 계획을 세우고 준비하면 그 보상은 반드시 주어진다.

삶의 진정한 워라밸, 즉 삶의 균형은 장기 성취형 워라밸에 있다. 장기 계획을 세우면, 물이 들어올 때 노를 젓듯이 빠르게 정상에 오를 수 있다. 그렇게 해서 남은 시간을 내가 원할 때 쓰는 것이 목적이다. 일정 목표에 이르렀을 때 안식년을 갖거나 퇴직을 앞당길 수도 있다. 그러니 워라밸의 기준을 양에서 질로, 하루에서 인생 전반으로 잡아야 한다. 그래야 경제적 부자뿐만 아니라 시간 부자가 될 수 있다.

나는 어렸을 때부터 일과 학교 공부를 병행해야 했다. 양보다 질을 우선시할 수밖에 없는 환경이었다. 단 몇 분, 몇 시간만 일하거나 공부하더라도 눈에 띄는 성과를 내기 위해 계획을 세우고 필요한 것을 준비해야 했다. 특히 사업을 시작하면서 처음에는 기술을 습득하고 노하우를 터득하는 데 많은 시간을 썼다. 일정 궤도에 오른 뒤에도 월등한 성과를 낼 정도가 될 때까지 몇 달 혹은 몇 년씩 쉬지도 않고 일했다. 이 기간에는 수익이나 결과가 따라주지 않아도 감내했다. 그 시간을 인내한 끝에 업계 최고가 되었다.

내가 장기 성취형 워라밸을 추구했기에 지금과 같은 균형 있고 자유로운 삶이 가능해졌다. 당신도 나처럼 관점을 바꾸어 성장을 위한 워라밸을 찾겠다고 결단하기를 바란다.

인생의 황금비율을 찾는 방법

아침 20분을 온전히 나를 위해 쓰는 것은 하루의 질적 균형을 바로잡는 일이다. 이를 100일간 실천하는 것은 내 인생의 균형을 바로잡는 단초가 된다. 시작은 100일이었지만, 이런 질적 균형을 자신의 인생 전반으로 확장해 나가며 인생의 루틴으로 삼아야 한다.

이를 성공적으로 지속하기 위해서는 가장 보통의 일상에 대한 이상적인 상이 있어야 한다. 어떻게 시간과 노력을 집약해서 일할 것이고 그 외의 시간은 또 어떻게 밀도 있게 보낼 것인지에 대한 자기만의 기준이 있어야 한다. 이 기준이 균형 있고 조화로운 상태가 바로 인생의 황금비율이다.

각자의 상황에 따라 다르겠지만 내가 하루, 주중, 주말을 어떻게 보내는지를 참고해 자신만의 비율을 찾기 바란다. 아침에 눈 뜨고 난 뒤 진행하는 모닝 시크릿 루틴을 제외하고 내가 하루에 걸쳐 매일 빠뜨리지 않고 하는 몇 가지 루틴이 더 있다. 이 역시 나 자신을 위한 투자이자, 몸과 정신을 관리하는 최적의 수단이다.

첫째는 아침 식사다. 한동안은 아침을 잘 먹지 않았다. 2년 반 동안 16시간 공복을 유지하는 간헐적 단식을 생활화했다. 자연스레 아침을 건너뛰는 것이 일상화된 것이다. 하지만 내가 이런 식사 패턴을 갖다 보니, 성장기인 딸아이가 아침을 먹으려 하지 않았다. 이러면 안 되겠다 싶어 아침 식사를 거르지 않게 되었다.

우선은 아침에 일어나서 운동하기 전에 마시는 레몬즙을 빼놓을 수 없다. 레몬을 한 개에서 두 개 정도 즙을 낸 뒤 물에 타서 큰 컵으로 한 잔 마신다. 그런 다음 오트밀과 베리류의 과일 중심으로 온 가족이 아침을 챙겨 먹는다.

여기에 질 좋은 MCT 오일(중쇄지방산)을 첨가한 커피를 곁들인다. 코코넛오일이나 치즈 등에 함유된 이 오일은 지방으로 축적되지 않고 에너지로 소비되기에 다이어트에 적합하다. 그뿐만 아니라 뇌에 바로 영양을 공급해 주어 뇌 기능을 빠르게 향상시킨다. 특히 아침에는 되도록 소금이 들어간 음식을 먹지 않고 천연의 맛 위주로 섭취하려 한다. 아침 식사를 생활화하자 그 전보다 훨씬 몸에 활력이 생긴다는 것을 직접 체감했다.

둘째는 시각화다. 앞서 소개한 아침 시각화는 내가 구성한 여섯 가지 시각화 중 하나다. 시각화의 종류에 대해서는 『웰씽킹』에서도 소개한 바 있다. 나는 잠재의식의 힘을 더 잘 활용하기 위해 나에게 맞는 시각화를 구상했고, 이를 조금 더 내실 있게 발전시켰다. 그에 따르면 시각화는 크게 '채우기'와 '비우기'로 나뉜다. 채우기는 갖고 싶거나, 되고 싶거나, 하고 싶은 것을 선명하게 상상해 잠재의식 속에 입력하는 과정이다. 비우기는 자신에게 방해가 되는 과거의 기억과 감정을 모두 버리는 것이다.

채우기 시각화에는 사회적으로 성공한 나의 청사진 시각화, 인생 영화감독 시각화, 이상적인 하루를 보는 아침 시각화, 일을 이상적으로 그리는 긴장 시각화가 있고, 비우기 시각화에는 블랙홀 시각화와 저녁 시각화가 있다. 더 자세한 내용은 『웰씽킹』을 참고하거나 내 유튜브, 웰씽킹 앱에서 알아볼 수 있다.

셋째는 요가다. 요가는 정서적·육체적 긴장을 풀어주며 영적 성장에 도움이 되는 신체적 기술이다. 그리고 스트레스 감소와 면역체계 강화, 혈압 조절뿐만 아니라 불안이나 우울증 해소, 불면증 극복에도 효과가 있다. 긴장을 이완하는 가벼운 동작만으로도 충분한 효과를 볼 수 있다.

넷째는 음악 감상이다. 음악은 그 자체로 치유의 힘이 있다. 사나워진 마음을 가라앉히고, 긍정적인 태도와 생각을 축적하는 고상한 방법이다. 부정적인 생각이 들 때 음악을 들으며 그 생각들을 내 안에 가두지 않고 튕겨낸다.

다섯째는 공헌이다. 봉사나 기부 등의 공헌은 그 어떤 행위보다 인간에게 평화를 주는 활동이다. 세상이 '나' 중심에서 '우리' 중심이 되면 한없이 고맙고 평화로운 상태가 된다. 봉사나 기부를 너무 위대한 행동으로 생각하면 곤란하다. 거액을 자선단체에 내어놓거나 절대빈곤에 처한 아동을 돕는 것뿐 아니라 타인의 수고를 덜어주는 아주 작은 활동도 엄연히 봉사다. 상점에서 다음에 나올 사람을 위해 문을 열어준다거나, 사랑하는 가족에게 아침에 물 한 잔을 건네주거나, 무더운 여름에 동료를 위해 조금 먼저 출근해 실내 온도를 쾌적하게 맞추는 것 역시 봉사 행위가 될 수 있다.

다음은 주중의 루틴이다. 월요일부터 금요일까지는 사회적 활동에 집중한다. 회사의 책임자로서 내려야 할 중요한 결정이나 미팅, 출장 등의 일정은 가능한 한 주중에 소화한다. 매주 정기적으로 2~3개씩 영상을 올리고 있는 유튜브 채널 관리도 시간과 품이 만만치 않게 소비되는 일인데, 이 역시 주중에 시간을 확보해 영상을 찍는다. 한국뿐아니라 유럽 각국에서 정기적으로 강연 요청이 들어온다. 이 스케줄 역시 주말을 피해 잡는다.

주중에는 바쁜 일정을 소화하느라 아이와 충분한 시간을 함께할 수 없는 것이 사실이다. 일하는 엄마들은 아이와 충분한 시간을 함께하지 못해 자칫 죄책감을 느끼기 쉽지만, 나는 절대로 그런 감정을 느끼지 않으려 하고, 실제로도 느끼지 않는다. 아이와 함께하는 시간의 양보다 시간의 질이 더 중요하고, 나보다 뛰어난 능력으로 아이를 양육해 줄 뛰어난 전문가들에게 도움을 받을 수 있기 때문이다. 이편이 아이의 성장에도 훨씬 이익이다.

하지만 아무리 바빠도 아이와 아침 시간만은 함께한다. 아이가 깨어나기 전에 자기계발을 마치고, 함께 아침을 먹는다. 학교에 데려다주는 일만은 꼭 나와 남편이 한다. 그 과정에서 아이와 밀도 있게 소통한다. 오후에 아이를 집으로 데려오는 일은 남편이 맡기에 아이는 종일 부모의 부재감을 느끼지 못한다.

주말에는 오로지 가족과 나 자신을 돌보는 데만 시간을

쓴다. 지금 이것이 가능한 이유는 인생 단위로 워라밸을 계획했기 때문이다. 특히 사업을 시작하고 처음 5년 동안은 주말에도 일하는 데 시간을 많이 쏟았다. 주말에는 가족 외 사람들과 만나지 않는다. 집으로 지인들을 초대하는 일도 없다. 내 집에는 정원사, 가사도우미분들을 비롯해 도움을 주는 인력이 적지 않다. 70여 그루의 플라타너스가 즐비한 정원과 저택을 관리하는 데는 전문가의 도움이 필요하다. 난 그들의 도움을 기꺼이 받으며 내가 더 잘할 수 있는 일에 집중하고, 그들의 노동에 합당한 대가를 지불한다. 주중에는 집에 상주하는 정원사와 가사도우미분들도 주말이 되면 집으로 돌아간다.

가족과 시간을 보낸다고 가족이 늘 함께 있는 것은 아니다. 남편도 나 못지않게 주중에는 바쁜 일정을 소화하기에 우리에게는 혼자만의 시간이 필요하다. 인간은 오롯이 혼자일 때 치유되고 성장하는 내면의 방이 있다. 그래서 주중에는 조금 더 큰 비중으로 남편이 아이와 시간을 보내고, 토요일에는 내가 아이와 시간을 더 많이 보낸다. 일요일에는 세 가족이 시간을 함께 보낸다. 이때는 산책을 하거나 자전거를 타거나 바다에서 서핑을 하기도 한다.

장기 성취형 워라밸을 목표로 삼아야 하는 이유는 무엇보다 가족과 더 좋은 시간을 함께하는 데 있다. 일과 삶의 균형을 맞추겠다면서 정작 집에서는 가족들과 좋은 시간을 보내지 못한다면 삶의 목적이 퇴색된다. 혹시 가족 구성원의 일부가 모든 가사를 도맡고 있다면 워라밸은 지켜질 수 없다. 이런 부분이 문제가 되어 소중한 가족과 다투거나 잔소리하게 된다면 삶은 망가지기 시작한다.

워라밸을 지키기 위해서는 회사에서나 집에서 권한 위임을 잘해야 한다. 구성원 모두가 마음을 하나로 합쳐 더 나은 삶을 추구해야 한다. 권한 위임은 내가 꼭 해야 할 일과 그렇지 않은 일을 구분하는 데서 시작한다. 이는 구성원들이 스스로 자기 자신을 돌볼 수 있게 돕는다.

한번 위임했다고 모두가 척척 해내는 것은 아니다. 각자가 끝까지 소임을 잘 마칠 수 있도록 끊임없는 피드백과 트레이닝이 필수다. 필요하다면 전문가의 도움을 받아도 좋다. 하지만 인생에는 절대 위임할 수 없는 것이 있다. 바로 당신의 꿈과 목표를 위한 시간이다. 워라밸을 통해 얻은 시간을 당신의 꿈과 목표에 쓰길 바란다.

당신 삶의 황금비율을 찾아라.

당신이 원하는 최고로 아름답고 조화로운 삶이 이 아침,
당신을 기다린다.

아침이
당신의 운명이다

죽음의 문턱 앞에 섰을 때, 나는 가진 것도 없고, 할 수 있는 것도 없다고 생각했다. 하지만 다시 살아보자고 결심하면서 나는 생각을 바꾸는 수밖에 없었다. 그게 내게 남은 전부였다. 이게 '웰씽킹'이 탄생한 원리다.

나는 내게 있는 것에 집중하기로 했다. 나는 의지가 강한 한국 여자였다. 아침에 눈을 뜰 수 있었고, 밖에 나가 걸을 수 있는 튼튼한 다리가 있었다. 예전에는 바빴지만 시간이 충분히 생겨 성장할 가능성이 있었다. 운동도 할 수 있고 책도 읽을 수 있었다. 나에게는 의외로 많은 게 있었다.

없는 것에서 있는 것으로 에너지의 흐름을 바꿨더니 놀라운 일이 일어났다. 나는 매일 아침 나에게 사랑한다고 말했으며 무엇이든 상상한 대로 이룰 수 있다고 용기를 주었다. 파리 천변을 매일 너덧 시간씩 걸었고 하루에 한 권씩 책을 읽었다. 생각이 바뀌자 행동이 바뀐 것이다. 매일 아침 몸과 마음을 단련하는 일이 습관이 될 때쯤 다른 많은 성공 습관이 쌓였다. 결국 그것이 촉매가 되어 마침내 부와 성공을 거머쥐게 되었다. 이게 '100일 아침 습관의 기적'이 탄생한 원리다. '웰씽킹'과 '100일 아침 습관의 기적'은 태생적으로 궤를 같이한다.

내 책 『웰씽킹』과 마찬가지로 이번 책에서 소개한 모든 성취 역시 당신 주위에서도 흔히 볼 수 있는 '평범한' 사람들의 이야기다. 기적에 가까운 성과를 만들어낸 사람들도 시작은 평범했고 저마다 불행했다. 나 역시 그들과 같기에 이 책을 쓰고 있다.

나도 가난과 결핍, 좌절과 절망 속에서 오랜 시간을 헤맸지만, 결국 운명을 바꿀 수 있었던 것은 평범한 사람들이 가진 유일한 자본, 바로 '시간'을 레버리지했기 때문이다. 나는 아침을 내 것으로 만들었다. 하루 중 가장 큰 그림을 그릴 수 있는 생산적인 시간을 놓치지 않은 덕분에 잠재의식에 꿈을 깊이 새겨 넣을 수 있었다. 바로 이것이 원하는 목표를 수천 배로 이루어낸 비결이다.

나는 선량하고 성실한 보통 사람들이 끝내 성공을 쟁취하는 비범한 서사를 사랑한다. 성공의 속성은 점이 아니라 선에 가깝다. 성공은 목적지 그 자체를 의미하는 것이 아니다. 성공을 향해 나아가는 성장의 과정이 바로 성공이라는 것을 알아야 한다. 세상이 깜짝 놀랄 만한 엄청난 결과물을 내지 못해도 괜찮다. 과거에 비해 지금의 모습이 성장했다면 훌륭한 삶을 사는 것이다. 다른 사람과의 비교는 무의미하다. 그러니 이 책을 통해 당신과 동지들이 더 많은 이야기를 들려주기를 진정으로 고대한다.

흔히 성공한 사람들을 보고 우리는 타고난 재능이 뛰어나거나 운이 좋았다고 여긴다. 하지만 숱한 성공의 서사만 봐도 우리가 보는 타인의 성공은 빙산의 일각일 뿐임을 깨닫게 된다. 보이는 게 전부가 아니라는 뜻이다. 보이는 것은 극히 일부이며 그 아래에는 보이지 않는 것들로 가득하다. 처절한 실망과 낙심, 수많은 밤을 지새운 체력, 타인의 의혹과 의심에 대한 상처, 텅 빈 듯한 상실감을 불러일으킨 거절과 배제, 믿었던 동료들의 배신, 그렇지만 끝까지 포기하지 않겠다는 투지가 성공의 보이지 않는 더 큰 부분을 이룬다. 성공이란 그야말로 왕관의 무게를 견뎌내고 차가운 물 속 깊이 박힌 절망을 인내한 자만이 가질 수 있는 보상이다.

요행이 있어도 일시적이다. 인맥도 학벌도 돈도 성공을 영구히 보장하지 않는다. 성공한 부자로 산다는 건 누구보다 성실히 일하며 실패를 동력으로 나아감을 뜻한다. 운에 기대는 사람은 도달할 수 없는 경지다. 그들이 자기를 넘어서기 위해 피나는 노력을 했으며 자신의 한계를 극복해 성장하고 성공했다는 사실을 잊어선 안 된다. 나 같은 흙수저가 이를 증명한다. 우연한 성공은 없으며 다 나름의 이유가 있다.

내가 이 책에서 전하고자 했던 수많은 성공자의 공통 습관, 즉 아침에 일어나 성장에 집중하는 일 하나조차도 누구에게나 쉬운 일은 아니다. 당연히 돈이 많고 권력이 막강하다고 해서 아침에 눈이 번쩍 뜨이는 것도 아니다. 『명상록』의 저자이자 부와 권력의 대명사였던 로마 황제 마르쿠스 아우렐리우스Marcus Aurelius도 침대에서 일어나는 것이 그렇게 힘들었다고 하지 않나. 피로와 경쟁이 기본값이 되어버린 현대사회에서 사는 우리는 대부분 아침이 버겁다.

하지만 지금 인생의 정점에 올라 누구보다 찬란한 아침을 맞는 것처럼 보이는 사람들도 모두 성공이라는 빙산을 한 발씩 어렵게 등반했음을 잊지 말아야 한다. 결국 꾸준한 평범함이 이긴다. 위대함은 익숙함에 있다.

당신의 오늘은 어땠는가? 살아 있는 동안 매일 맞이하는 평범한 아침이었는가? 거기서 당신은 어떤 성공의 서사를 만들어나갈 것인가? 애플의 창업자이자 혁신의 아이콘인 스티브 잡스는 매일 아침 거울을 보며 자문했다고 한다.

오늘이 인생의 마지막 날이라면, 오늘 내가 하고자
한 일을 하고 싶어 했을까?

당신도 자문해 보고 자기 마음에 귀를 기울이기 바란다.
정확한 목표와 꿈을 가진 사람은 아침이 반갑다. 시작부터
불쾌지수를 높이는 알람에 의존하지 않고도 눈이 번쩍 뜨
인다. 오늘 하루를 기대하게 된다. 이런 사람은 아침을 기
다리는 삶을 산다. 눈이 떠져서 뜬 채로 지내는 죽어 있는
삶이 아니라 스스로 눈뜰 이유를 알고 살아가는 살아 있는
삶을 산다.

당신도 오늘 아침, 기대와 설렘으로 눈을 떴기를 바란다.
아침은 당신의 운명이 되기 때문이다. 아침에 일어나 최선의
하루를 그려보고, 그 하루를 인생의 마지막처럼 산다면, 당
신이 바라는 목표가 무엇이든 이루지 못할 것이 없다. 긍정
하는 생각과 태도가 변화를 만든다. 이런 비옥한 생각의 토
양 위에는 아침의 무한한 가능성이 고스란히 전해져 온다.

어쩌면 당신은 실수할지 모른다는 걱정에, 실패할 것 같
다는 두려움에, 나는 할 수 없다는 열패감에 주저앉아 있
을지 모른다. 지난날의 나처럼 말이다. 하지만 당신이 몸

과 마음을 일으켜 움직이지 않으면 아침을 내 것으로 만들 수 없다.

다행히도 우리는 실수와 실패 속에서 배운다. 아니, 오히려 실패 없이 배우는 일은 이 세상에 아무것도 없다. 전설적인 재즈 음악가이자 트럼펫 연주자인 마일스 데이비스Miles Davis는 말했다.

실수를 두려워하지 마라. 거기에는 아무도 없다.

실수할 때까지 당신만을 보고 기다리다가, 마침내 실수했다는 것을 발견하고 손뼉 치는 사람이 있을까? 이 세상에 단 한 번의 실패도 없이 살아온 사람은 없다. 실수하며 사는 것이 인간이기에, 당신의 실수를 비웃을 자리에 서 있을 사람은 실상 아무도 없다. 그러니 수치심에 빠져 있거나 아무 일도 하지 않은 채 머뭇대지 말고 일단 가슴 뛰는 삶에 뛰어들어 자유롭게 유영하라. 실패를 즐기면서 어떻게 그 경험을 성공으로 바꿀 수 있을지 연습하고 스스로 배워라.

실수할 수밖에 없는 우리에게 늘 새로운 아침이 찾아온

다는 사실은 고무적이다. 포기하지 않는 한 당신 인생의 때는 매일 다시 뜨겁게 타오른다! 인생에 수천만 번의 아침이 있다는 것, 인생의 그 어느 지점에서도 매일 다시 한 번 새롭게 인생을 시작할 수 있다는 것은 인간에게 주어진 아주 특별한 축복이다. 축복을 적극적으로 받아들일지, 흘려보낼지는 당신의 선택과 의지에 달려 있다.

당신 안의 위대한 당신을 깨워라. 과거에 겪었던 좌절과 후회, 미래에 대한 두려움을 뛰어넘어 당신 안의 거인이 떠오르는 태양을 직시하게 하라. 성장하기 위해 기꺼이 당신을 변화시켜라. 거인을 한계 지어 놓은 사슬을 끊고 당신 인생의 자유를 영광스럽게 누려라.

오늘의 태양은 내일 떠오르지 않는다. 더는 기회를 흘려보내지 마라. 순간을 붙잡고 온전히 살아내라. 켈리가 해냈다면 당신도 반드시 해낼 수 있다.

성공의 여명이 밝아올 때, 그대 깨어 있기를.

일어나 골든 모닝을 잡아라.

그리고 삶의 모든 풍요를 누려라.

부록

The Miracles
of
Golden Morning

가이드

✦ 모닝 시크릿 선언문

당신이 원하는 목표를 확실히 정하고, 이를 실현하는 데 반드시 필요한 행동, 즉 성공 습관을 설정한다. 행동을 습관으로 만들기 위해 모닝 시크릿 루틴을 실천하고 습관 솔루션을 활용하겠다고 선언하기 바란다.

✦ 100일 모닝 해빗 트래커

100일 동안 당신이 포기하지 않고 아침 루틴을 실천하도록 도와줄 것이다. 책에 소개된 다섯 가지 아침 루틴이나 당신만의 아침 루틴에 적용하기 바란다.

✦ 20분 골든 모닝 저널

책에서 소개한 다섯 가지 아침 루틴을 완전히 당신의 것으로 만들도록 도와줄 것이다. 이 저널을 다운로드해 100일간 활용해 보기 바란다.

웰씽킹 홈페이지
다운로드 받기

모닝 시크릿 선언문

Name: _____ Date: _____

목표

▲

성공 습관

_____

_____

▲

습관 솔루션

☐ _____

☐ _____

☐ _____

▲

모닝 시크릿 루틴

_____

_____

_____

모닝 시크릿 선언문

Name: _____ Date: _____

목표

▲

성공 습관

_____

_____

▲

습관 솔루션

☐ _____

☐ _____

☐ _____

▲

모닝 시크릿 루틴

_____

_____

_____

100일 모닝 해빗 트래커

MORNING HABIT TRACKER

목표: _____

시작일: _____   종료일: _____

1	2	3	4	5	6	★7
8	9	10	11	12	13	14
15	16	17	18	19	20	★21
22	23	24	25	26	27	28
29	★30	31	32	33	34	35
36	37	38	39	40	41	42
43	44	45	46	47	48	49
★50	51	52	53	54	55	56
57	58	59	60	61	62	63
64	65	66	67	68	69	★70
71	72	73	74	75	76	77
78	79	80	81	82	83	84
85	86	87	88	89	90	91
92	93	94	95	96	97	98
99	★100					

자기 평가

★7일: 결단력 있는 사람이 되는 단계

_____

_____

★21일: 영향력의 뿌리가 생기는 단계

_____

_____

★30일: 성공 습관이 내면화되는 단계

_____

_____

★50일: 존경받는 사람이 되는 단계

_____

_____

★70일: 언행일치를 만드는 단계

_____

_____

★100일: 꿈을 이루는 0.1퍼센트가 되는 단계

_____

_____

100일 모닝 해빗 트래커

MORNING HABIT TRACKER

목표: _____

시작일: _____   종료일: _____

1	2	3	4	5	6	★7
8	9	10	11	12	13	14
15	16	17	18	19	20	★21
22	23	24	25	26	27	28
29	★30	31	32	33	34	35
36	37	38	39	40	41	42
43	44	45	46	47	48	49
★50	51	52	53	54	55	56
57	58	59	60	61	62	63
64	65	66	67	68	69	★70
71	72	73	74	75	76	77
78	79	80	81	82	83	84
85	86	87	88	89	90	91
92	93	94	95	96	97	98
99	★100					

자기 평가

★7일: 결단력 있는 사람이 되는 단계

_____

_____

★21일: 영향력의 뿌리가 생기는 단계

_____

_____

★30일: 성공 습관이 내면화되는 단계

_____

_____

★50일: 존경받는 사람이 되는 단계

_____

_____

★70일: 언행일치를 만드는 단계

_____

_____

★100일: 꿈을 이루는 0.1퍼센트가 되는 단계

_____

_____

절취선

100일 모닝 해빗 트래커 II

MORNING HABIT TRACKER

시작일: _____

종료일: _____

Habits ↘

1	2	3	4	5	6	7	8	9	10	11	12	13	14	15	16	17	18	19	20	21	22	23	24	25
26	27	28	29	30	31	32	33	34	35	36	37	38	39	40	41	42	43	44	45	46	47	48	49	50
51	52	53	54	55	56	57	58	59	60	61	62	63	64	65	66	67	68	69	70	71	72	73	74	75
76	77	78	79	80	81	82	83	84	85	86	87	88	89	90	91	92	93	94	95	96	97	98	99	100

1	2	3	4	5	6	7	8	9	10	11	12	13	14	15	16	17	18	19	20	21	22	23	24	25
26	27	28	29	30	31	32	33	34	35	36	37	38	39	40	41	42	43	44	45	46	47	48	49	50
51	52	53	54	55	56	57	58	59	60	61	62	63	64	65	66	67	68	69	70	71	72	73	74	75
76	77	78	79	80	81	82	83	84	85	86	87	88	89	90	91	92	93	94	95	96	97	98	99	100

절취선

✂

Habits ↗

1	2	3	4	5	6	7	8	9	10	11	12	13	14	15	16	17	18	19	20	21	22	23	24	25
26	27	28	29	30	31	32	33	34	35	36	37	38	39	40	41	42	43	44	45	46	47	48	49	50
51	52	53	54	55	56	57	58	59	60	61	62	63	64	65	66	67	68	69	70	71	72	73	74	75
76	77	78	79	80	81	82	83	84	85	86	87	88	89	90	91	92	93	94	95	96	97	98	99	100

1	2	3	4	5	6	7	8	9	10	11	12	13	14	15	16	17	18	19	20	21	22	23	24	25
26	27	28	29	30	31	32	33	34	35	36	37	38	39	40	41	42	43	44	45	46	47	48	49	50
51	52	53	54	55	56	57	58	59	60	61	62	63	64	65	66	67	68	69	70	71	72	73	74	75
76	77	78	79	80	81	82	83	84	85	86	87	88	89	90	91	92	93	94	95	96	97	98	99	100

1	2	3	4	5	6	7	8	9	10	11	12	13	14	15	16	17	18	19	20	21	22	23	24	25
26	27	28	29	30	31	32	33	34	35	36	37	38	39	40	41	42	43	44	45	46	47	48	49	50
51	52	53	54	55	56	57	58	59	60	61	62	63	64	65	66	67	68	69	70	71	72	73	74	75
76	77	78	79	80	81	82	83	84	85	86	87	88	89	90	91	92	93	94	95	96	97	98	99	100

잘라서 사용

20 ^{Min.} 골든 모닝 저널

GOLDEN MORNING JOURNAL

Date: _____ 기상한 시간: _____ 취침할 시간: _____

---

3 Min. 시각화

1. 오늘 일정을 가장 이상적으로 보내는 내 모습을 바라봅니다.

2. 오늘 무엇을 성취하면 가장 이상적일지 떠올려봅니다.

3. 오늘 어떤 기분으로 일어나고 잠들면 가장 좋을지 그려봅니다.

---

3 Min. 확언

1. 오늘 당신의 잠재의식에 들려주고 현실로 끌어당기고 싶은 말은 무엇인가요?

---

1 Min. 명언 필사

1. 오늘 내게 영감을 준 지혜로운 문장은 무엇인가요?

---

3 Min. 독서

1. 오늘 성장의 폭과 깊이를 확장해 준 책과 글귀는 무엇인가요?

---

10 Min. 운동

1. 오늘 당신의 신체를 단련하고 스트레스를 줄인 운동은 무엇인가요?

20 *Min.* 골든 모닝 저널

GOLDEN MORNING JOURNAL

Date: _____   기상한 시간: _____   취침할 시간: _____

---

3 *Min.*   **시각화**

1. 오늘 일정을 가장 이상적으로 보내는 내 모습을 바라봅니다.

2. 오늘 무엇을 성취하면 가장 이상적일지 떠올려봅니다.

3. 오늘 어떤 기분으로 일어나고 잠들면 가장 좋을지 그려봅니다.

---

3 *Min.*   **확언**

1. 오늘 당신의 잠재의식에 들려주고 현실로 끌어당기고 싶은 말은 무엇인가요?

---

1 *Min.*   **명언 필사**

1. 오늘 내게 영감을 준 지혜로운 문장은 무엇인가요?

---

3 *Min.*   **독서**

1. 오늘 성장의 폭과 깊이를 확장해 준 책과 글귀는 무엇인가요?

---

10 *Min.*   **운동**

1. 오늘 당신의 신체를 단련하고 스트레스를 줄인 운동은 무엇인가요?

The Miracles
of
Golden Morning

100일 아침 습관의 기적

최고의 나를 만나는 하루 20분의 약속

초판 1쇄 발행 2023년 11월 29일
초판 16쇄 발행 2024년 1월 25일

지은이 켈리 최
펴낸이 김선식

부사장 김은영
콘텐츠사업2본부장 박현미
책임편집 차혜린 디자인 마가림 책임마케터 박태준
콘텐츠사업9팀장 차혜린 콘텐츠사업9팀 강지유, 최유진, 노현지
마케팅본부장 권장규 마케팅1팀 최혜령, 오서영, 문서희 채널1팀 박태준
미디어홍보본부장 정명찬 브랜드관리팀 오수미, 김은지, 이소영
뉴미디어팀 김민정, 이지은, 홍수경, 서가을, 문윤정, 이예주
크리에이티브팀 임유나, 박지수, 변승주, 김화정, 장세진, 박장미, 박주현
지식교양팀 이수인, 염아라, 석찬미, 김혜원, 백지은 브랜드제휴팀 안지혜
편집관리팀 조세현, 백설희 저작권팀 한승빈, 이슬, 윤제희
재무관리팀 하미선, 윤이경, 김재경, 이보람, 임혜정
인사총무팀 강미숙, 지석배, 김혜진, 황종원
제작관리팀 이소현, 김소영, 김진경, 최완규, 이지우, 박예찬
물류관리팀 김형기, 김선민, 주정훈, 김선진, 한유현, 전태연, 양문현, 이민운
외부스태프 구성 박은영 조판 화이트노트

펴낸곳 다산북스 출판등록 2005년 12월 23일 제313-2005-00277호
주소 경기도 파주시 회동길 490 다산북스 파주사옥
전화 02-704-1724 팩스 02-703-2219 이메일 dasanbooks@dasanbooks.com
홈페이지 www.dasan.group 블로그 blog.naver.com/dasan_books
종이 아이피피 인쇄 한영문화사 코팅·후가공 평창P&G 제본 국일문화사

ISBN 979-11-306-4949-8 (03190)